Animus-Aspekte

Fridolin nickte. »Was war' mit dem?« fragte er.

»Ich hatte ihn schon des Morgens gesehen«, erwiderte Albertine, »als er eben mit seiner gelben Handtasche eilig die Hoteltreppe hinanstieg. Er hatte mich flüchtig gemustert, aber erst ein paar Stufen höher blieb er stehen, wandte sich nach mir um, und unsere Blicke mussten sich begegnen. Er lächelte nicht, ja, eher schien mir, dass sein Antlitz sich verdüsterte, und mir erging es wohl ähnlich, denn ich war bewegt wie noch nie.

Den ganzen Tag lag ich traumverloren am Strand. Wenn er mich riefe – so meinte ich zu wissen –, ich hätte nicht widerstehen können. Zu allem glaubte ich mich bereit; dich, das Kind, meine Zukunft hinzugeben, glaubte ich mich so gut wie entschlossen, und zugleich – wirst du es verstehen? – warst du mir teurer als je. Gerade an diesem Nachmittag, du musst dich noch erinnern, fügte es sich, dass wir so vertraut über tausend Dinge, auch über unsere gemeinsame Zukunft, auch über das Kind plauderten, wie schon seit lange nicht mehr. Bei Sonnenuntergang saßen wir auf dem Balkon, du und ich, da ging er vorüber unten am Strand, ohne aufzublicken, und ich war beglückt, ihn zu sehen. Dir aber strich ich über die Stirne und küsste dich aufs Haar, und in meiner Liebe zu dir war zugleich viel schmerzliches Mitleid.

Am Abend war ich sehr schön, du hast es mir selber gesagt, und trug eine weiße Rose im Gürtel. Es war vielleicht kein Zufall, dass der Fremde mit seinen Freunden in unserer Nähe saß. Er blickte nicht zu mir her, ich aber spielte mit dem Gedanken, aufzustehen, an seinen Tisch zu treten und ihm zu sagen: Da bin ich, mein Erwarteter, mein Geliebter nimm mich hin. In diesem Augenblick brachte man ihm das Telegramm, er las, erblasste, flüsterte dem jüngeren der beiden Offiziere einige Worte zu, und mit einem rätselhaften Blick mich streifend, verließ er den Saal.«

»Und?« fragte Fridolin trocken, als sie schwieg.

»Nichts weiter. Ich weiß nur, dass ich am nächsten Morgen mit einer gewissen Bangigkeit erwachte. Wovor mir mehr bangte – ob davor, dass er abgereist, oder davor, dass er noch da sein könnte –, das weiß ich nicht, das habe ich auch damals nicht gewusst. Doch als er auch mittags verschwunden blieb, atmete ich auf. Frage mich nicht weiter, Fridolin, ich habe dir die ganze Wahrheit gesagt. – Und auch du hast an jenem Strand irgend etwas erlebt, – ich weiß es.«

A. Schnitzler, Traumnovelle

inhalt

Die Rose,
welche hier dein äußres Auge sieht,
die hat von Ewigkeit
in Gott also geblüht.
Angelus Silesius

inhalt

Liebe Leserinnen und Leser,

Rückschauend kann ich sagen, dass ich der Einzige bin, der die zwei Probleme, die Freud am meisten interessiert haben, sinngemäß weitergeführt hat: das der „archaischen Reste" und das der Sexualität.

Es ist ein weitverbreiteter Irrtum zu meinen, ich sähe den Wert der Sexualität nicht. Im Gegenteil, sie spielt in meiner Psychologie eine große Rolle, nämlich als wesentlicher - wenn auch nicht einziger - Ausdruck der psychischen Ganzheit.

Diese Zitate von Jung aus seinen Erinnerungen (S. 172) überraschen möglicherweise, denn bis heute begegnet man der Meinung, er habe das Thema Sexualität eher vernachlässigt. Außerdem habe Jung, so die Kritiker, die reale, triebhafte und biologische Seite der Sexualität abgewehrt, indem er vor allem deren symbolische und spirituelle Aspekte hervorgehoben habe. Und selbst diese habe Jung in seinen oft recht schwer zugänglichen Werken (z. B. *Psychologie der Übertragung* und *Mysterium Coniunctionis*) hinter einem Vorhang historischer Amplifikationen, griechisch-lateinischer Zitate und kryptischer Kommentare verschleiert.

Hinsichtlich dieser Kritik wird man Jung zugute halten können, dass es damals auch schwer gewesen sein mag, zur Frage der biologischen Sexualität noch eigene Gedanken zu äußern. Dieses Feld war besetzt durch Freud und seine Nachfolger, wie z. B. Rank und Reich.

Denkbar auch, dass er es – aufgrund einer Biographie, in der es sicher genug belastende wie tiefreichende sexuelle Erfahrungen gab – nicht wagte, sich so offen und direkt zu äußern, wie er es möglicherweise gekonnt hätte.

Jung hatte zudem den Eindruck, dass für Freud die Sexualität fast eine religiöse Funktion und Bedeutung besaß, er sich diesen Aspekt aber nicht zugestehen konnte oder wollte:

Es war aber mein Hauptanliegen, über ihre persönliche Bedeutung und die einer biologischen Funktion hinaus ihre geistige Seite und ihren numinosen Sinn zu erforschen und zu erklären; also das auszudrücken, wovon Freud fasziniert war, was er aber nicht fassen konnte.

Jung verstand den mit der Sexualität verbundenen Begriff der Libido umfassender als Freud, nämlich als universelle schöpferische Lebensenergie, von der die Sexualität ein Teil war. Er wollte die anderen psychischen, geistigen, kulturellen und spirituellen Aspekte der psychischen Energie nicht zugunsten einer reduktionistischen biologischen Auffassung opfern.

Um der Vielschichtigkeit des komplexen Problems der Sexualität gerecht zu werden, wusste sich Jung zu der damaligen Zeit nicht anders zu behelfen, als sich diesem Mysterium der Gegensatzvereinigung durch den Vergleich mit Symbolen und menschheits- und geistesgeschichtlichen Parallelen zu nähern.

Für seine Konzeption der Libido als schöpferische Lebensenergie fand er Vorläufer im Hinduismus (Prana, Lebensatem, Lebensenergie), im Taoismus (Chi, Qi), der Antike (Pneuma), später in der deutschen Naturphilosophie (Goethe, Schelling, Hegel), in der Kabbala und der Alchemie (vgl. dazu insbesondere den Aufsatz von G. Wehr in diesem Heft).

Auch im Tantrismus gibt es die Vorstellung, dass sich eine (polare mann-weibliche) Lebensenergie (Kundalini, vgl. S. 40), die auch in Beziehung zur Sexualität steht, in einem ganzheitlichen, körperlich-meditativ-imaginativen Prozess von der untersten biologisch-sexuellen Basis bis in spirituelle Dimensionen hinein entfaltet.

Die Sexualität hatte für Jung also – neben der triebhaft-biologisch-körperlichen Seite – auch eine geistig-schöpferische Seite, die auf die Ganzwerdung des Menschen hinzielte. Diese ist eng mit dem Animus-/Anima-Konzept der Analytischen Psychologie verbunden. Fantasien und Sehnsüchte, die wir in der erotischen und der sexuellen Begegnung anstreben, beziehen sich danach nicht nur auf einen konkreten äußeren Partner, sondern auf unsere unbewussten Sehnsuchtsbilder nach Einheit und Ganzheit, auf unser eigenes unbekanntes Männliches und Weibliches, das wir auf den Partner projizieren.

In der diffizilen Aufgabe der Bewusstseinsentwicklung, neben unseren Schattenseiten auch die Animus/Anima-Aspekte als Projektionen zu durchschauen, diese zu uns und nach innen zu nehmen, um sie dort kreativ werden zu lassen, sah Jung das Meisterstück der Individuation.

Die mystische Hochzeit, das „Mysterium coniunctionis", die Jung im Mythos, in der Alchemie und der Mystik dargestellt fand, interpretierte er dementsprechend als die Vereinigung mit den gegengeschlechtlichen Polaritäten der Psyche. Man integriere das zwar unbekannte, aber dennoch Ureigenste. Diese innere Hochzeit könne schließlich zur Erfahrung der Ganzheit des Selbst führen.

Ob und inwieweit dies möglich ist, mag jeder für sich vor seinem eigenem Erfahrungshintergrund entscheiden. Bedenkenswert ist aber, dass die vollständige Rücknahme der mann-weiblichen Projektionen vermutlich nicht im Sinne der Evolution ist, deren ganz wesentliches „Interesse" ja darin liegt, uns durch die entsprechenden Projektionen konkret und real zur biologischen Fortpflanzung zu bringen.

In einer nur innen erlebten Vereinigung würden zudem auch der konkrete Beziehungsaspekt und der leibhafte Aspekt fehlen, etwas, was zur Ganzheit ebenso wie zur Individuation dazugehört.

In den überlieferten Traditionen tantrischer und taoistischer Liebeskunst wurde beides zugleich angestrebt. Die konkrete sexuelle Vereinigung mit einem Liebespartner sollte gleichzeitig als die Vereinigung von Göttin und Gott, die erotischen Hochgefühle gleichzeitig als individuelle wie auch als kosmische Schöpfungsfreude erlebt werden, der gemeinsame ekstatische Rhythmus sollte dazu führen, sich im Einklang mit dem TAO zu fühlen.

Seit den 60er Jahren des vergangenen Jahrhunderts wurden die spirituellen Aspekte der Sexualität wieder näher beleuchtet und relativ unbefangen diskutiert mit dem Ergebnis: Sehr wahrscheinlich gibt es sexuelle Gipfelerfahrungen, die denen entsprechen, die man aus der tantrischen Literatur oder mystischen Erfahrungen kennt, Erfahrungen, die sich wie eine „mystische Hochzeit" oder eine heilige Hochzeit zwischen Frau und Mann, Göttin und Gott anfühlen.

In sexueller Ekstase neigen manche Menschen etwa dazu, „Oh Gott, oh Gott" zu rufen, so, als gäbe es für diese Erfahrungen keine bessere oder adäquatere Bezeichnung. Das könnte auch Skeptiker nachdenklich stimmen hinsichtlich der Frage, ob Sexualität eine numinos-religiöse Seite hat.

Und wenn es nun tatsächlich möglich sein sollte, in der erotischen Begegnung einen solchen Bewusstseinszustand zu kultivieren und länger als üblich in einer entsprechenden Verfassung der Glückseligkeit und Einheit zu bleiben? Könnte das unsere Einstellung zur Beziehung von Frau und Mann, zu Körper und Sinnlichkeit, zur Sexualität und zum Schöpferischen nachhaltig beeinflussen?

Wie wärs, wenn wir das bei Gelegenheit einmal ausprobieren würden?

Mit besten Wünschen für eine erotisierende und inspirierende Lektüre

Ihre
Anette und Lutz Müller

Anima-Aspekte

Fridolin erhob sich, ging ein paarmal im Zimmer auf und ab, dann sagte er: »Du hast recht.« Er stand am Fenster, das Antlitz im Dunkel. »Des Morgens«, begann er mit verschleierter, etwas feindseliger Stimme, »manchmal sehr früh noch, ehe du aufgestanden warst, pflegte ich längs des Ufers dahinzuwandern, über den Ort hinaus; und, so früh es war, immer lag schon die Sonne hell und stark über dem Meer. Kaum dass ich je in so früher Stunde Menschen begegnete; und Badende waren überhaupt niemals zu sehen. Eines Morgens aber wurde ich ganz plötzlich einer weiblichen Gestalt gewahr, die, eben noch unsichtbar gewesen, auf der schmalen Terrasse einer in den Sand gepfählten Badehütte, einen Fuß vor den andern setzend, die Arme nach rückwärts an die Holzwand gespreitet, sich vorsichtig weiterbewegte.

Es war ein ganz junges, vielleicht fünfzehnjähriges Mädchen mit aufgelöstem blonden Haar, das über die Schultern und auf der einen Seite über die zarte Brust herabfloss. Das Mädchen sah vor sich hin, ins Wasser hinab, langsam glitt es längs der Wand weiter, mit gesenktem Auge nach der andern Ecke hin, und plötzlich stand es mir gerade gegenüber; mit den Armen griff sie weit hinter sich, als wollte sie sich fester anklammern, sah auf und erblickte mich plötzlich. Ein Zittern ging durch ihren Leib, als müsste sie sinken oder fliehen. Doch da sie auf dem schmalen Brett sich doch nur ganz langsam hätte weiterbewegen können, entschloss sie sich innezuhalten – und stand nun da, zuerst mit einem erschrockenen, dann mit einem zornigen, endlich mit einem verlegenen Gesicht. Mit einemmal aber lächelte sie, lächelte wunderbar; es war ein Grüßen, ja ein Winken in ihren Augen – und zugleich ein leiser Spott, mit dem sie ganz flüchtig zu ihren Füßen das Wasser streifte, das mich von ihr trennte.

Dann reckte sie den jungen schlanken Körper hoch, wie ihrer Schönheit froh, und, wie leicht zu merken war, durch den Glanz meines Blicks, den sie auf sich fühlte, stolz und süß erregt. So standen wir uns gegenüber, vielleicht zehn Sekunden lang, mit halboffenen Lippen und flimmernden Augen. Unwillkürlich breitete ich meine Arme nach ihr aus, Hingebung und Freude war in ihrem Blick.

Mit einemmal aber schüttelte sie heftig den Kopf, löste einen Arm von der Wand, deutete gebieterisch, ich solle mich entfernen; und als ich es nicht gleich über mich brachte zu gehorchen, kam ein solches Bitten, ein solches Flehen in ihre Kinderaugen, dass mir nichts anderes übrigblieb, als mich abzuwenden. So rasch als möglich setzte ich meinen Weg wieder fort; ich sah mich kein einziges Mal nach ihr um, nicht eigentlich aus Rücksicht, aus Gehorsam, aus Ritterlichkeit, sondern darum, weil ich unter ihrem letzten Blick eine solche, über alles je Erlebte hinausgehende Bewegung verspürt hatte, dass ich mich einer Ohnmacht nah fühlte.«

A. Schnitzler, Traumnovelle

Heilige Hochzeit - Mysterium coniunctionis

Gerhard Wehr[1]

sexualität

Heilige Hochzeit – auf den ersten Blick wird damit ein sehr spezielles, um nicht zu sagen: ein abseitiges Thema der Religions- und Geistesgeschichte angeschlagen. Die Distanz zu heutigen Fragestellungen scheint erheblich zu sein. Gegenwartsbezüge lassen sich anscheinend nur sehr schwer herstellen. Und doch beschränkt sich das Motiv der Heiligen Hochzeit bei weitem nicht auf religionshistorische, auf mythen- und mysteriengeschichtliche Zusammenhänge. Als Symbol der Vereinigung und des Strebens nach Ganzwerdung weist es weit über sich hinaus, denn die hier gemeinte Einung ereignet sich nicht nur auf der menschlichen Ebene der Ich-Du-Beziehung. Immer ist das „ewige Du", wie Martin Buber es nennt, mit im Spiel. Und erst unter diesem Ewigkeitsaspekt wird die zwischenmenschliche Begegnung in ihrer Fülle, in ihrer Tiefe erfahren oder doch zumindest geahnt und ersehnt.

Mysterium coniunctionis

Zwei Grunderfahrungen sind aufs engste mit dem Weg und Wesen des Menschen verbunden. Die eine hat damit zu tun, dass der Mensch weder mit sich noch mit seiner Mitwelt in Einklang lebt.

Wir denken an die leidvollen Erfahrungen des Gegensätzlichen und des Widersprüchlichen, des Gespaltenseins und der Entfremdung, religiös gesprochen: Der Mensch ist heilsbedürftig. Eine Welt der Dissonanzen umgibt uns.

Auf der anderen Seite wird die Aufhebung des Unheilszustandes ersehnt. Damit hängt das Verlangen nach Identität, nach Ganzheit

und Harmonie zusammen. Denn so wie jeder Einzelne seinen Selbstverlust überwinden möchte, so verlangt die Gemeinschaft der Menschen, angesichts der tödlichen Bedrohung ihrer Existenz, nach Frieden und nach einem Ausgleich der selbstzerstörerischen Gegensätze.

Damit ist nicht etwa die Aufhebung jeglicher lebenschaffender Polarität gemeint, wohl aber deren Ermöglichung. Gemeint ist das „Mysterium coniunctionis" als ein Mysterium des Verbundenseins, das unter einem weiten Spannungsbogen steht. Er reicht von dem Geburtsschrei des Neugeborenen, der erst auf dieser Erde heimisch werden will, bis hin zu dem Aufschrei des Gekreuzigten: Es ist vollbracht!, dem Ausruf letzter Erfüllung.

Das Mysterium coniunctionis reicht aber auch von der innigen Umarmung zweier Liebender bis hin zu der sakramentalen oder mystischen Vereinigung, deren göttliche Bedeutung – wie Novalis sagt – den irdischen Sinnen ein Rätsel bleibt.

Der antike Mythos

Hieros Gamos oder Heilige Hochzeit ist eine im Alten Orient und in der griechisch-römischen Antike allgemein bekannte Vorstellung, wenngleich die Sache selbst von einem Schleier des Geheimnisses umgeben ist. Von diesem Geheimnis, nämlich dass Gott und Göttin, auch Gott und Mensch, Hochzeit feiern, erzählt der Mythos in unzähligen Variationen.

In seiner tiefenpsychologischen Studie über Amor und Psyche schreibt Erich Neumann:

---

1   In Erinnerung an Gerhard Wehr, der im Mai dieses Jahres im Alter von 83 Jahren verstorben ist. Es handelt sich im nachfolgenden Artikel um Auszüge aus dem Kapitel *Heilige Hochzeit und menschliche Reifung* aus seinem Buch: *Selbstwerdung und religiöse Erfahrung*. Stuttgart: opus magnum 2009. Mit freundlicher Genehmigung des Verlags.

Der Mythos ist immer die unbewusste Selbstdarstellung derartiger für die Menschheit entscheidender Lebenssituationen, und er ist unter anderem für uns schon deswegen von Bedeutung, weil wir an seinen durch kein Bewusstsein getrübten Selbstaussagen den echten Erfahrungsbestand der Menschheit ablesen können. In der Dichtung, die in ihrer höchsten Form von den gleichen kollektiven Urbildern belebt wird wie der Mythos, können Bilder und Formulierungen auftauchen, in denen die Aussagen des Mythos wiederkehren, und es gehört zu den beglückenden Bestätigungen einer mythologischen Deutung, wenn es sich erweist, dass in einer Dichtung der gleiche Urklang angeschlagen wird, der uns aus den Mythen entgegentönt.

Neumann 1979, S. 72

Die menschliche Erfahrung der ehelichen Vereinigung und die über die Einzelperson hinausweisende Erfahrung eines Numinosen, Göttlichen kommunizieren hier. Und eben dieses konkret-spirituelle „Darüberhinaus" macht die Heilige Hochzeit zu einem Mysterienvorgang, zum religiösen Fest, zum erschütternden, beglückenden Erlebnis, das den Menschen in seiner Tiefe anrührt. Denn, so könnte man mit dem Saarbrücker Theologen und Religionswissenschaftler Ulrich Mann die hier gemeinte Wirklichkeit andeuten:

Paarung gibt es auch im Tierreich, Trauung ist meist nur ein standesamtlicher Registrierakt, Hochzeit aber ist etwas im innersten Wesen Mythisches, etwas Heiliges sollte man sagen. Der Begriff des „Hieros Gamos" drückt das aus, er ist der rituelle Nachvollzug des göttlichen Hochzeitsspiels. Kinder spielen Hochzeit, und sie spielen immer die Märchenhochzeit nach, die von Lichtheld und Königstochter. „Und wenn sie nicht gestorben sind" [...] – die heitere Schlusswendung umspielt die ernste Wahrheit, dass die Heilige Hochzeit im Grund kein Ende hat, sondern immerwährende Feier ist. Denn im Göttlichen ist alles ewig.

Mann 1975, S. 220

Teilhabe an der Ewigkeit ist dort beabsichtigt, wo der Ritus vollzogen oder doch verkündigend, mythisch erzählend bezeugt wird.

Vielfalt der Mythologien

Vor uns steht zunächst der uralte Fruchtbarkeitsmythos, der seit Menschengedenken in Feiern und heiligen Handlungen begangen wird. Nicht von Menschen ersonnenes oder erträumtes Fantasiegebilde ist der echte Mythos. Was er erzählt, ist vorgegeben. Ihm kann sich niemand entziehen, der an dem mythischen Bewusstsein der Frühzeit teilhat. Alles menschliche Leben und Tun ist dem Tun und Leben der Götter unterstellt.

Geburt, Hochzeit und Tod beruhen auf einer Dynamik, die das Menschenmaß überschreitet. Und weil hier Götter walten, gibt Walter F. Otto zu bedenken:

Das ist etwas ganz anderes, als wenn erfahrungsgemäß abergläubische Vorstellungen eine gewisse Macht ausüben. Hier ist echte Produktivität, hier entstehen unvergängliche Gestalten, hier wird der Mensch neu geschaffen.

Otto 1956, S. 24)

So ist es der starke, der den Himmel mit all seinen Kräften beherrschende, der zeugende Gott, der sich am Beginn eines neuen Jahres mit der allbeschenkenden Erdgöttin verbindet. Die Frühjahrs- und Neujahrsfeste, etwa im Alten Orient, werden zu Fixpunkten der wiederkehrenden Götterhochzeit. Und gerade weil der ursprüngliche Mythos kein beliebiges Fantasieprodukt, etwa einer prähistorischen Unterhaltungsindustrie, ist, sondern Begründung des menschlichen Seins von einer höheren Seinsebene her, deshalb ist die kultische Vergegenwärtigung des Götterwirkens geboten.

Nach Walter F. Otto ist es der Mythos, der *ein feierliches Verhalten und Tun* verlangt, *das den Menschen in eine höhere Sphäre erhebt,* und zwar – so dürfen wir hinzufügen – inmitten seiner konkreten Lebensbezüge. Durch Mythos und Ritus bekommt das menschliche Leben erst Ordnung und Sinn.

Das überirdische Paar von Gott und Göttin stellt ein Urbild für die Beziehung von Mann und Frau dar, mehr noch: Gott und Göttin repräsentieren die beiden polaren Prinzipien auf allen Ebenen irdischer Wirklichkeit. Der Mensch der Überlieferung suchte in der schaffenden Polarität des Göttlichen das Wesen seines eigenen Geschlechts zu ergründen. Julius Evola geht so weit zu sagen:

Für (den Menschen) existierten die Geschlechter, ehe sie physisch existierten, als überindividuelle Mächte und Prinzipien; ehe sie in der „Natur" in Erscheinung traten, walteten sie in der Sphäre des Heiligen, des Kosmischen, des Geistigen, des Übersinnlichen. In der Vielfalt göttlicher, als Götter und Göttinnen differenzierter Gestalten suchte er das Wesen des Ewig-Männlichen und des Ewig-Weiblichen zu erfassen, von dem die gegensätzliche Geschlechtlichkeit der Menschenwesen nur eine Widerspiegelung und nur eine besondere Erscheinungsform ist.

Evola, zit. n. Eliade 1957, S. 52

Die Widerspiegelungen dieser Art sind Legion. Ein selbstredender symbolischer Ausdruck einer solchen kosmischen Verbundenheit ist vor allem das altchinesische Tai-Gi-Tu-Zeichen, das für *Tao*, universelle Ganzheit und Sinngebung, steht.

In diesem Zeichen ist in geradezu klassischer Weise diese Einheit zur Anschauung gebracht, um die es in der Heiligen Hochzeit letztlich geht. Denn hier sind Yang – das Schöpferische, Helle, Männliche – und Ying – das Empfangende, Dunkle, Weibliche – so aneinander geschmiegt, ineinandergefügt, dass beide eine runde Ganzheit ergeben. Der umfassende Kreis steht für Tao, das Allumfassende, letztlich durch kein Wort Benennbare, in dem buchstäblich alle Polarität aufgehoben ist, und zwar ohne neutralisiert zu sein.

Wenigstens in Parenthese sei hinzugefügt, dass die im chinesischen Weisheitsbuch des I Ging entfaltete Yang-Ying-Symbolik als Weltformel zugleich einen *verborgenen Schlüssel zum Leben* darstellt. Martin Schönberger (1973) zeigte die Entsprechung auf, die zwischen dem altchinesischen Orakel und dem von der modernen Naturwissenschaft aufgestellten genetischen Code besteht. Da wie dort bleiben wir im Bereich der Mysterien des Lebendigen.

Es sei dabei nicht vergessen, aus welch unmittelbarer Anschauung und aus welchem Erleben heraus die Angehörigen ackerbauender Völker seit alters schöpfen: Es ist der vom Himmel niederströmende Regen, der die „Mutter Erde" befruchtet. Erfahrungen dieser Art entspricht da und dort auch ein gewisser sprachlicher Parallelismus, etwa im Griechischen, wo die Worte für Säen (speirein) und Pflügen (aroün) auch für „zeugen" stehen.

Wohl gibt es religiöse Überlieferungen, nach denen Mutter Erde allein und ohne Mitwirkung eines zeugenden Partners zu gebären vermag. Nach Hesiod gebar Gaia, die Erde, Uranos, den Himmel. Von ihm heißt es in der Theogonie, er sei ein Wesen, *ihr (der Erde) gleich, das sie überall umhüllen sollte*, also ein Paarwesen, seinem Partner ehelich, das heißt: auf ewig, zugeordnet. Von ihm berichten denn auch die Mythen, dass Uranos und Gaia den Hieros Gamos vollziehen, damit Leben gedeihen kann. Die Terra Mater wird zur Allgebärerin, zugleich ein kosmisches Modell für die Fruchtbarkeit überhaupt.

Weit verbreitet ist der kosmogonische Mythos, wonach der Himmelsgott und die Erdgöttin sich in der Heiligen Hochzeit zusammentun. *Man findet ihn vor allem in Ozeanien – von Indonesien bis Mikronesien – aber auch in Asien, Afrika und in den beiden Amerika*, berichtet Mircea Eliade. Wie stark die kosmische Verbundenheit grundsätzlich bei Ackerbau trei-

sexualität

Eine Erfahrung der

Heiligen Hochzeit von C. G. Jung

Gegen Abend schlief ich ein, und mein Schlaf dauerte bis etwa gegen Mitternacht. Dann kam ich zu mir und war vielleicht eine Stunde lang wach, aber in einem ganz veränderten Zustand.

Ich befand mich wie in einer Ekstase oder in einem Zustand größter Seligkeit. Ich fühlte mich, als ob ich im Raum schwebte, als ob ich im Schoß des Weltalls geborgen wäre – in einer ungeheuren Leere, aber erfüllt von höchstmöglichem Glücksgefühl. – „Das ist die ewige Seligkeit, das kann man gar nicht beschreiben, es ist viel zu wunderbar!", dachte ich.

Ich selber befand mich – so schien es mir – im „Pardes rimmonim", dem Granatapfelgarten, und es fand die Hochzeit des Tifereth mit der Malchuth[1] statt.

Oder ich war wie der Rabbi Simon ben Jochai, dessen jenseitige Hochzeit gefeiert wurde. Es war die mystische Hochzeit, wie sie in den Vorstellungen der kabbalistischen Tradition erscheint.

*Ich kann Ihnen nicht sagen, wie wunderbar das war.
Ich konnte nur immerfort denken: „Das ist jetzt der Granatapfelgarten!
Das ist jetzt die Hochzeit der Malchuth mit Tifereth!"*

Ich weiß nicht genau, was für eine Rolle ich darin spielte. Im Grunde genommen war ich es selber: Ich war die Hochzeit. Und meine Seligkeit war die einer seligen Hochzeit.

...

---

1 Malchuth und Tifereth sind nach kabbalistischer Auffassung zwei der zehn Sphären göttlicher Manifestationen, in denen Gott aus seiner Verborgenheit hervortritt. Sie stellen ein weibliches und ein männliches Prinzip innerhalb der Gottheit dar.

Franz Christoph Janneck (1703-1761), Jupiter und Juno (Zeus und Hera)

Allmählich klang das Erlebnis des Granatapfelgartens ab und wandelte sich. Es folgte die „Hochzeit des Lammes" im festlich geschmückten Jerusalem. Ich bin nicht imstande zu beschreiben, wie es im einzelnen war. Es waren unbeschreibbare Seligkeitszustände. Engel waren dabei und Licht. Ich selber war die „Hochzeit des Lammes".

Auch das verschwand, und es kam eine neue Vorstellung, die letzte Vision. Ich ging ein weites Tal hinauf bis ans Ende, an den Rand eines sanften Höhenzuges. Den Abschluß des Tales bildete ein antikes Amphitheater. Wunderschön lag es in der grünen Landschaft. Und dort, in dem Theater, fand der Hierosgamos statt. Tänzer und Tänzerinnen traten auf; und auf einem blumengeschmückten Lager vollzogen Allvater Zeus und Hera den Hierosgamos, wie es in der Ilias beschrieben ist.

All diese Erlebnisse waren herrlich, und ich war Nacht für Nacht in lauterste Seligkeit getaucht, „umschwebt von Bildern aller Kreatur".

A. Jaffé / C. G. Jung, Erinnerungen, Gedanken, Träume, 1962, S. 296 f.

benden Völkern, bei Natur- und bei frühen Kulturvölkern als eine Grundvorstellung anzutreffen ist, zeigt die Religionsgeschichte des Alten Orients und der griechisch-römischen Antike.

In Mesopotamien, im Zweistromland von Euphrat und Tigris also, geht der König zur Zeit des Neujahrsfestes mit einer Priesterin die Heilige Ehe ein. Sie, die gleichsam inkarnierte Muttergöttin Inanna oder Ischtar, soll dafür sorgen, dass sich die Vegetation von neuem belebt und dass die Felder die erwartete Frucht tragen. Das gleiche gilt für die Fruchtbarkeit der Herden, nicht zuletzt für die Fruchtbarkeit der Ehe.

Der mütterlichen Göttin Ischtar steht Thammus zur Seite, eine vom Schicksal gezeichnete Gestalt. Denn Jahr für Jahr muss er ins Totenreich hinabsteigen. Sein Tod ist unabwendbar. Ischtar folgt dem jugendlichen Gatten und ruft ihn aus dem Tod ins Leben auf der Erde zurück. Mit ihm begeht sie die Heilige Hochzeit. Frucht ihrer Umarmung sind die wieder belebten Gefilde des Euphrattals.

Aber auch der Sieg des machtvollen Gottes Marduk über die chaotischen Mächte, die Tiamat verkörpert, ist zu feiern. Dazu gehört die Heilige Hochzeit, die König und Priesterin stellvertretend für die Götter in einer Kammer eines Zikkurat, eines Hügeltempels, begehen. Auch sie erfüllen damit das Gebot, das Wohl des ganzen Landes zu fördern.

Es wären noch manche Namen zu nennen, etwa Baal, der Fruchtbarkeits- und Wettergott aus dem altsyrischen Götterpantheon. Ihm ist Anat-Astarte, die Jungfrau, „Schwester" und Gefährtin zugeordnet.

Vielgenannt ist das Götterpaar Isis und Osiris aus dem östlichen Nildelta. Als Verkörperung des fruchtbringenden Nilwassers, aber auch als Herr der Toten und der Wiedererweckung verbindet sich der ermordete Osiris auf geheimnisvolle Weise mit seiner trauernden Schwester-Gattin. Denn als sich Isis über die Osiris-Mumie beugt, empfängt sie Horus, das göttliche Kind, dessen Blick Sonne und Mond vereint, also kosmisch Männliches und Weibliches, eine Heilandsgestalt, die Erde und Menschheit rekreieren soll.

Die späteren Isis-Osiris- (beziehungsweise Sarapis-) Mysterien aus der hellenistischen Welt zeigen uns, dass noch mehr als nur eine biologische Erneuerung gemeint sein muss. Denn wenn es einmal von Osiris heißt, dass er die Ägypter aus dem Zustand der Wildheit herausgeführt, dem Kannibalismus entfremdet und in ein durch Gesetze geordnetes Leben versetzt habe, so wird ihm damit der Titel eines Kulturbringers zuerkannt.

Warum gerade ihm? Erich Neumann antwortet auf diese Frage:

Weil er nicht nur Fruchtbarkeitsgott im Sinne des Wachstums der Natur ist. Er ist dies auch, aber sein Schöpferischsein umfaßt diese Stufe, ohne sich auf sie zu beschränken. Jedem Kulturbringer ist eine Synthese des Bewusstseins mit dem schöpferischen Unbewussten geglückt. Er hat in sich den schöpferischen Punkt erreicht, den Punkt der Erneuerung und Wiedergeburt, der im Fruchtbarkeitsritual des Neujahrsfestes in der Identifizierung mit der schaffenden Gottheit dargestellt wird, und von dem das Bestehen der Welt abhängt. Dies ›meint‹ der Ritus und die Menschheit in ihm […] Nicht der Naturverlauf, sondern die Beherrschung der Natur durch das in der Entsprechung schöpferische Element im Menschen ist der innere Gegenstand des Rituals. Die Findung des Schatzes aber ist unmöglich, ohne dass der Held seine Seele findet und erlöst, sein eigenes Weibliches, das empfängt, austrägt und gebiert.

Neumann 1949, S. 232 f.

Ein Rätsel wird entschlüsselt

Damit ist uns, in der Sprache der modernen Tiefenpsychologie, eine wichtige Verstehenshilfe gegeben, die auf die innere Reifung des Menschen verweist. Diese Interpretation trägt dazu bei, den urtümlichen Mythos der Heiligen Hochzeit zu entschlüsseln und auf einen Prozess anzuwenden, der im Menschen selbst abläuft. Doch davon später.

Namentlich die antiken Mysterien, die eleusinischen und die dionysischen, nicht zu vergessen der Adonis- und der Attis-Kult weisen in diese Richtung. Es ist der Myste, der im Mysteriengeschehen zu Reinigende, der zu Erleuchtende und der mit der Gottheit zu Vereinende, der an sich, in sich erlebt, was der Mythos erzählt. Es geht also nicht mehr nur um einen Hochzeitsritus, der der äußeren Fruchtbarkeit dienlich sein soll. Er selbst, der Myste, geht „bis zur Grenzscheide zwischen Leben und Tod"; er selbst betritt „Proserpinas Schwelle", wie es im elften Kapitel der *Metamorphosen*, dem aufschlussreichen Mysterienroman des Apuleius von Madaura heißt. Er selbst schaut auch die „Sonne um Mitternacht", die – den äußeren physischen Augen unsichtbar – in weiß glühendem Licht erstrahlt, eine Sonne, die den Einzuweihenden den Weg zu den oberen wie zu den unteren Göttern erleuchtet. – Es wird noch zu fragen sein, ob es eine Entsprechung für den Menschen der Neuzeit gibt.

Wohl hören wir weiter von den Götterhochzeiten: von dem indoeuropäischen Himmels- und Wettergott Zeus, der sich mit Göttinnen und mit irdischen Frauen in Heiliger Hochzeit verbindet, oder von Dionysos, der sich auf Naxos mit Ariadne vermählt. Hesiod, Homer, Vergil und andere antike Autoren berichten vom Tun ihrer überirdischen Helden und zeigen so, wie der alte Göttermythos jeweils zum „exemplarischen Modell für die Vereinigung der Menschen" erhoben wird.

Doch im Gang der menschlich-menschheitlichen Bewusstseinsgeschichte entspricht es durchaus einer inneren Konsequenz, dass auf das kosmisch bedeutsame Geschehen, das dem Schoß der Mutter Erde zugute kommen soll, ein mehr und mehr individuelles Erleben folgt. Das heilige Conubium, das Beilager von König oder Priester und Priesterin, bleibt nicht allein auf dieses ausgesonderte Paar begrenzt, denn in den Mysterien ist es immerhin eine, wenngleich zahlenmäßig kleine Schar von Einzuweihenden, die die Stufen der Läuterung und der Erleuchtung durchschreitet.

Als Religionswissenschaftler weist Mircea Eliade wohl mit Recht auf die Notwendigkeit einer solchen persönlichen spirituellen Erfahrung hin, wenn er sagt:

Es ist, als ob die Initiationsszenarien (die Einweihungsvorgänge in den Mysterien) unlöslich mit der innersten Struktur des geistigen Lebens verbunden wären, und als ob die Initiation einen Prozess darstellte, der für jeden Versuch einer totalen Erneuerung, für jede Bemühung, die natürliche Lage des Menschen zu transzendieren (zu überschreiten), um zu einer geheiligten Seinsweise zu gelangen, unumgänglich notwendig wäre.

Eliade 1961, S. 196 f.

Schlussfolgerungen wie diese bedürfen freilich einer dokumentarischen Stütze. Ohne näher darauf einzugehen: Fest steht, dass von da aus der Schritt nicht mehr weit ist, die Bilder der Vereinigung mit Gott, wie der Ehe und der Hochzeit, aus der hellenistischen Mysterienwelt ins antike Christentum hineinzutragen, vor allem, wenn sichergestellt ist, dass die Heilige Hochzeit von jeglicher Vermengung mit sexuellen Momenten freigehalten wird – eine Aufgabe, der sich namentlich die Kirchenschriftsteller der ersten Jahrhunderte mit großem, nicht selten mit allzu großem Eifer hingegeben haben.

Unser Motiv taucht bereits im Alten Testament auf und kehrt in den neutestamentlichen Schriften vielfältig variiert wieder: Jahwe, der Gott des alten Bundesvolkes, steht jahrhundertelang in entschiedener Konkurrenz zur kanaanäischen Religion mit ihren Fruchtbarkeitsriten. Doch kennen die israelitischen Propheten das Bild des Ehebündnisses zwischen Jahwe und der Jungfrau Israel, der immer wieder schuldig werdenden Geliebten, um die Gott wirbt. Ein drastisches Beispiel bietet das Buch des Propheten Hosea.

Sehr viel bekannter ist das berühmte Hohelied Salomos; lange Zeit als eine Sammlung von Liebes- und Hochzeitsliedern angesehen, stellt sich dieses Buch der Forschung als eine Kultliturgie zur Feier der Heiligen Hochzeit dar. Das alte Israel hat sich diese Verse einer blühenden, glühenden Erotik zu Eigen gemacht und auf die Liebe seines Gottes zu seinem Volk gedeutet. Das Geheimnis, das die Strophen des Hohenliedes umspielen, ist groß. Kein Zufall, dass die Dichter und Mystiker sich gerade

sexualität

dieser Bilder der Liebessehnsucht angenommen haben, um die tiefsten Mysterien religiöser Erfahrung aussagbar zu machen.

Diese hochzeitliche Stimmung ist es, die sodann auch das ganze Neue Testament erfüllt: Die Zeit der strengen Gesetzlichkeit ist beendet. Der Bräutigam kommt, um seine Braut, die Gemeinde, heimzuholen. Kein anderer als Christus selbst verkörpert diesen Bräutigam – ob es sich um die Gleichnisreden des Nazareners handelt, der von der Herankunft des Bräutigams, das heißt vom Anbruch der Heilszeit, spricht, oder ob das letzte Buch der Bibel, die Johannes-Offenbarung, schließlich die Hochzeit des Lammes als ein hohes Zielbild der Heilsgeschichte enthüllt.

Dominieren soll schon hier auf Erden die Gottes- und die Menschenliebe. Und wenn auch ein erheblicher Bedeutungswandel eingetreten ist, seitdem die frühe Menschheit anfing, von Götterhochzeiten zu singen und zu sagen, aufgegeben wurde das Motiv der Heiligen Hochzeit in der Christenheit nicht. Walter Schubart meint sogar sagen zu dürfen:

Keine andere Religion sieht die gottmenschliche Beziehung so sehr im Lichte der Erotik, als wechselseitiges Band der Liebe, wie die christliche [...] Das Christentum ist eine erotische Erlösungsreligion. Es bietet den Bedürfnissen der erlösenden Liebe weiten Raum, sich ganz im Religiösen auszuleben.

Schubart 1941, S. 137 f.

Auch wenn damit noch nicht die letzte Tiefe des Mysteriums von Eros und Agape als der schenkenden, selbstlosen Liebe ausgelotet sein wird, eines steht fest: Spätestens seit

Gustave Moreau: *Das Lied der Lieder (Cantique des Cantiques)*. 1893, Ohara Museum of Art

Hosea und seit dem Hohenlied Salomonis sind die erotische Sprache und die hochzeitliche Metaphorik nicht mehr aus dem jüdisch-christlichen Vorstellungskreis zu verdrängen. Ganz im Gegenteil, Sprache und Bildwelt des Eros samt den ihm zugehörigen Erfahrungsgehalten stellen nun auch für Christen eine einzigartige Möglichkeit dar, an die Geheimnisbe-

Mein Liebster sieht blühend und kräftig aus,
nur einer von Tausenden ist wie er!
Sein schönes Gesicht ist so braungebrannt
sein Haar dicht und lockig und rabenschwarz.
Die Augen sind lebhaften Tauben gleich.
Ganz weiß sind die Zähne, als hätten sie
gebadet in Bächen von reiner Milch.

...

Deine Füße sind zierlich
in den Schuhen, du Fürstin!
Und das Rund deiner Hüften
ist das Werk eines Künstlers!
Einer Schale, der niemals
edler Wein fehlen möge,
gleicht dein Schoß, süßes Mädchen!
Wie ein Hügel von Weizen
ist dein Leib, rund und golden
und von Lilien umstanden.

...

Du bist schön wie keine andre,
dich zu lieben macht mich glücklich!
Schlank wie eine Dattelpalme
ist dein Wuchs, und deine Brüste
gleichen ihren vollen Rispen.
Auf die Palme will ich steigen,
ihre süßen Früchte pflücken,
will mich freun an deinen Brüsten,
welche reifen Trauben gleichen.
Deinen Atem will ich trinken,
der wie frische Äpfel duftet,
mich an deinem Mund berauschen,
denn er schmeckt wie edler Wein ...

...

Nur ihm, meinem Liebsten, gehör ich,
und mir gilt sein ganzes Verlangen!
Komm, laß uns hinausgehn, mein Liebster,
die Nacht zwischen Blumen verbringen!
Ganz früh stehn wir auf, gehn zum Weinberg
und sehn, ob die Weinstöcke treiben,
die Knospen der Reben sich öffnen
und auch die Granatbäume blühen.
Dort schenke ich dir meine Liebe!

...

Aus: Das Hohelied. Die Bibel in heutigem
Deutsch. Deutsche Bibelgesellschaft 1992

zirke der Gottverbundenheit heranzukommen: Ein weites, ein reich bestelltes Feld für jede Art religiöser Gnosis, ein nicht minder weites Feld für die Erlebnistiefe religiöser Mystik!

Wer von ihr spricht, wer sich um eine Annäherung an die Möglichkeiten mystischer Erfahrung bemüht, der hat vollends die Bezirke der urtümlichen Fruchtbarkeitskulte mit ihren Götterhochzeiten verlassen. Er ist, auch über die antiken Mysterien hinausschreitend, in jenen Innenraum eingetreten, in dem es um die Veränderung des Menschen geht.

Und wie schon aus den Stellungnahmen Erich Neumanns deutlich werden konnte, geht es hier um eine Veränderung, die innen beginnt, in den Erlebnisgründen der menschlichen Seele. – Da stellt sich die Frage: Was hat dieses auf psychische Innerlichkeit bezogene Geschehen mit dem religionsgeschichtlichen Thema der Heiligen Hochzeit gemeinsam, deren Belege zum Teil einige Jahrtausende zurückliegen?

Nun, man könnte die begonnene religions- und geistesgeschichtliche Linie noch weiter ausziehen. An eindrucksvollen Dokumenten mangelt es nicht, denken wir an die Hoch-Zeiten der mittelalterlichen Mystik, in denen sich Frauen und Männer auf die unio mystica, die mystische Vereinigung mit Gott, vorbereiteten; denken wir weiter an die Konjunktionsmystik der Kabbala oder an die Chymische Hochzeit bei Alchimisten und Rosenkreuzern, an die Vermählung mit der Jungfrau Sophia bei Jakob Böhme, an „Christus und Sophie" bei Novalis oder an Solowjows geheimnisumwitterte Begegnung mit der Dame Sophia. Diese Beispiele ließen sich beinahe beliebig vermehren.

Wohl liegt die Vermutung nahe, dass die einzelnen Zeugen Heiliger Hochzeit dieses Motiv aus der Tradition übernommen und – mehr oder weniger abgewandelt – ihrem eigenen Erleben nahe gebracht haben. Das muss aber keineswegs immer der Fall sein. Originäre, ursprunghafte spirituelle Erfahrung bedarf letztlich keiner Anregungen von außen. Auch und gerade bei Menschen, die von einschlägigen Phänomenen aus der Geistesgeschichte nichts wissen, können sich Erlebnisse spontan einstellen, die durch einen und denselben Archetypus konstelliert erscheinen.

Tiefenpsychologische Erkenntnishilfe

Im Verlauf der bisherigen Betrachtungen haben wir gesehen, wie das Motiv der Heiligen Hochzeit in seinen verschiedenen Abwandlungen bisweilen in einer recht sinnenfälligen Weise, gleichsam von außen, an den Menschen herantrat, sei es in Gestalt mythischer Erzählungen, in der Form ritueller Begehungen, in religiösen Zeremonien oder auch in handwerklich-technischen Verrichtungen, etwa bei den alchemistischen Praktiken.

Der Mythos selbst spricht eine Sprache, die den Eindruck erweckt, als habe die Gottesbegegnung einst „außen" stattgefunden, nämlich als ein Ereignis unter oder neben anderen historisch datierbaren Begebenheiten: *Götter wandelten einst auf Erden*, heißt es noch bei Hölderlin. Und die Überlieferung weiß oftmals die Orte der großen Theophanien exakt zu lokalisieren, als sei es möglich, das heilige Geschehen am heiligen Ort geradezu dingfest zu machen, gegebenenfalls mittels einer mana-besetzten Reliquie.

Ohne jetzt der Frage nachzugehen, welche Projektionsvorgänge hierbei im Spiele sind, in deren Zusammenhang innen Erlebtes, spirituelle Wirklichkeit, auf äußere Objekte übertragen wird, so wird man sagen müssen, das anscheinend „außen" Vorgefundene hat seinen eigentlichen Schauplatz dort, wo und wodurch es wahrgenommen wird, nämlich im Erlebnishorizont der Psyche, also im Menschen selbst.

Transzendenzerfahrung

Zwar knüpfen Begriffe wie Hochzeit, coniunctio, unio beziehungsweise Kommunion oder Vereinigung an zentrale menschliche Erfahrungen an; es sind Erfahrungen, die das menschliche Leben erst konstituieren und qualifizieren. Aber doch ist dieses Konstituierende, Qualifizierende in des Wortes buchstäblicher Bedeutung „nicht von dieser Welt". Denn mitten in die vielfältige Aufgespaltenheit des Einzelnen wie der Gesellschaft hinein tut sich die Möglichkeit des Ganzwerdens und des Heil-

werdens auf, sei es als Hoffnung, als Sehnsucht oder auch in der Gestalt des religiösen Glaubens.

Konkret reicht diese Urchance zum vollen Menschsein von der bergenden Gebärde, mit der eine Mutter ihr Kind umfängt, bis hin zur Liebesumarmung, ja bis zum Beieinandersein im Todesaugenblick. Und diese Chance ist unabdingbar, das heißt: durch kein Ding zu ersetzen.

Mit anderen Worten: In, mit und unter diesen Erfahrungen manifestiert sich für den religiösen Menschen jenes andere, der andere, „das ewige Du", der beziehungsweise das die innige personale Begegnung zur Gottesbegegnung, die erotisch-sexuelle Liebesumarmung zur Heiligen Hochzeit werden lässt. Es ist offenbar ein und derselbe Archetypus, der strukturierend, anordnend eingreift und das menschliche Leben bereichert, indem er es mit Sinn und mit Wert erfüllt.

Eliade geht noch weiter, wenn er einmal sagt:

Erst die göttliche Hierogamie (die heilige Hochzeit), die in illo tempore (in jener Zeit) stattfand, hat die sexuelle Vereinigung der Menschen möglich gemacht. Die Vereinigung des Gottes mit der Göttin vollzieht sich in einem außerzeitlichen Augenblick, einer ewigen Gegenwart; die Vereinigung der Menschen – soweit sie nicht rituelle Vereinigungen sind – vollziehen sich in der profanen Zeit. Die heilige, mythische Zeit begründet auch die existentielle, historische Zeit, denn sie ist ihr Modell. Alles verdankt seine Existenz einem göttlichen oder halb göttlichen Wesen.

Eliade 1957, S. 52

Nach Eliade sind es demnach nicht die konkreten irdischen Vorstellungen oder Erfahrungen, die im Sinne Ludwig Feuerbachs an eine imaginäre Projektionswand geworfen werden, sondern umgekehrt: Erst das archetypische Bild, das Urbild, gibt die ideelle Form ab für die Verwirklichung in Raum und Zeit.

Damit kommt Eliade ebenfalls dem sehr nahe, was C. G. Jung den Archetypus nennt, der als solcher unanschaulich bleibt, etwa wie der Begriff des Menschen im Gegenüber zu einer ganz bestimmten Person. In seinen Wirkungen aber muss dieser Archetypus als der „Anordner" postuliert werden. In unserem Fall ist es der Archetypus der Coniunctio, das heißt der Vereinigung von Gegensätzen, die aufeinander bezogen sind, die demnach zum Ausgleich drängen, also zur Gegensatzvereinigung.

Darin spricht sich eine Tendenz aus, die offensichtlich in der Struktur der menschlichen Psyche angelegt ist. Nur so ist es zu erklären, dass dieses große Thema der Ganzwerdung zu allen Zeiten thematisiert wird, und zwar unabhängig von Kultur und Gesellschaft. Aus dieser Tatsache resultiert der kollektive und universelle Aspekt, der im Archetypus, speziell im Archetypus der Gegensatzvereinigung, zur Geltung kommt.

Nun besteht eine menschliche Grunderfahrung darin, dass unser Leben und die uns begegnende Wirklichkeit unter einem Doppelaspekt zu sehen ist. Der Mensch steht im Kraftfeld der Polarität. Er ist Mann oder Frau. Als solcher beziehungsweise als solche ist der Mensch der Er-Gänzung bedürftig. Erst durch das Männliche und das Weibliche wird menschliche Ganzheit konstituiert. Ein Wort Martin Bubers variierend, kann man sagen: Am gegengeschlechtlichen du findet der Mensch sein Ich. – Die Gegensatzspannung bleibt, um die Chance der Menschwerdung jedes Einzelnen, auf das mitmenschliche Du Bezogenen, Mal um Mal zu eröffnen. Dieses Geschehen nennen wir Leben. Denn:

Gewaltiger, heiliger als alle Schrift ist die Gegenwart eines Menschen, der nicht anders als unmittelbar da ist [...] in der Zauberfülle des Miteinanderseins.

Buber 1953, S. 12f.

Begegnung mit sich selbst

In der Psychologie C. G. Jungs ist daher dem Thema der Heiligen Hochzeit als *Mysterium coniunctionis* eine zentrale Bedeutung zugewiesen. Anders als dem Religions- und Geistesgeschichtler, dem Symbol- und Mythenforscher ist es dem Psychologen primär nicht

darum zu tun, die verfügbaren Erscheinungsformen eines Motivs zusammenzutragen, zu systematisieren und zu interpretieren. Ihm geht es um den Menschen selbst, der diese Zeichen und Symbole hervorbringt und dem sie als Medium dienen, sein eigenes Erleben zu artikulieren und an dem Erleben der Gegensatzvereinigung zu reifen. So ist diese innere Coniunctio oder Heilige Hochzeit darauf gerichtet, den Menschen zu dem werden zu lassen, der er ist, der er werden soll.

Es liegt nun zweifellos in der Natur der Sache, dass dem psychologisch Fragenden die historischen Vorbilder und Zielvorstellungen der Heiligen Hochzeit nicht gleichgültig sind. Sie sind es umso weniger, als wir wissen, welche Erkenntnishilfe darin liegen kann, dass man seine konkrete Lebensproblematik und die dazugehörigen Hervorbringungen seines eigenen Unbewussten mit vergleichbaren historischen Materialien „amplifiziert".

Gemeint ist die von Jung entwickelte Methode, rätselhaft erscheinende Hervorbringungen des Unbewussten durch ähnlich motivierte Texte und Bilder aus Mythos und religiöser Überlieferung so „anzureichern", dass von da aus ein Licht auf die eigene Situation fällt. Es ist die innere Parallelität, deren man dabei innewerden kann. Das zuvor unverständliche Motiv, das sich in einer Produktion des eigenen Unbewussten fand, beginnt im historischen Kontext deutlicher zu werden. Neue Horizonte tauchen auf.

Man muss sich daher eine völlig andere Sichtweise zu Eigen machen, eben jene, die das Unbewusste – das persönliche wie das überpersönlich-kollektive – einschließt, und sei es zunächst nur im Sinne einer hypothetischen Annahme, der die Bestätigung durch die eigene Erfahrung folgen muss. Und diese Sichtweise, der sich der Tiefenpsychologe bedient, zu der der Psychotherapeut seinen Analysanden anleiten möchte, entspricht einem kompensatorischen Verfahren, weil das Bewusste durch die Hervorbringungen des Unbewussten ergänzt, vervollständigt wird. Es dominiert nicht länger das Ich, dessen Zuständigkeit in allen Fragen des alltäglichen Lebens

sexualität

unbestritten bleiben muss, sondern es kommt das Selbst ins Spiel als die dem bewussten Ich übergeordnete Größe, von der C. G. Jung sagt, es umfasse nicht nur die bewusste, sondern auch die unbewusste Psyche und sei daher sozusagen eine Persönlichkeit, die wir auch sind.

Aber sind wir denn bereits dieses Selbst – nämlich in dem Sinn, dass sich unser Menschsein nicht allein darin erschöpft, dass wir gewisse gesellschaftliche Rollen spielen und unser Tun an bestimmten Zwecken ausrichten, bis dahin, dass die vielzitierten „Sachzwänge" die Oberhand gewinnen? Eine wichtige Erkenntnishilfe, die die Jungsche Psychologie zu bieten hat, besteht in der Einsicht, dass nicht nur auf die äußere Ich-Du-Beziehung bei einer Begegnung zweier Menschen zu achten ist. Die Begegnung hängt ganz wesentlich davon ab, wie ein Mensch mit der unbewussten Tiefe seines eigenen Wesens in Beziehung steht. Hillman (1969) schreibt in seinen Studien über die Begegnung mit sich selbst:

Um mit dem anderen in Fühlung zu treten, muss ich innerlich in Fühlung sein mit mir [...] Gemeinschaft besteht nicht nur aus (äußerer) Kommunikation. Die innere Beziehung ist der Kontakt, den zwei Menschen von innen her, aus der Tiefe miteinander haben können. Denn wenn ich dieser Wirkung eben jetzt, wo sie eintritt, verbunden bin, dann bin ich auch dem anderen Menschen offen und verbunden.

Und Hillman fügt hinzu, indem er die Aufmerksamkeit auf die überpersönliche, archetypische Dimension der geistig-psychischen Wirklichkeit lenkt:

Der Seinsgrund in den Tiefen ist nicht einfach mein eigener persönlicher Grund. Es ist der universelle Rückhalt eines jeden Menschen, zu dem er durch eine innere Verbindung Zugang findet. Wir begegnen einander sowohl durch die Rückstrahlung des kollektiven Unbewussten, wie wir uns durch den Ausdruck unserer Selbst in der persönlichen Kommunikation begegnen.

Von einem disharmonischen, also mit seiner eigenen unbewussten Wesenstiefe auf Kriegsfuß lebenden Menschen sagen wir: Der ist sich selbst nicht gut. – Und ins Positive gewendet, drückt Jakob Böhme jene Seelenharmonie mit dem Satz aus:

*Es gibt kein' schöner' Musik,
denn wo ein Mensch von innen
zusammen ist gestimmt.*

Damit ist aus einem individuellen Erleben heraus auf einen einfachen Nenner gebracht, was es mit jener „persönlichen Kommunikation" auf sich hat, von der der Tiefenpsychologe spricht. Das Zusammengestimmtsein von innen her ist demnach eine Erfahrungstatsache, die prinzipiell jedem zugänglich ist. Auch gibt es offensichtlich eine innere Korrespondenz zwischen dem Symbol der Heiligen Hochzeit, von dem die Religions- und Geistesgeschichte der Menschheit in ungezählten Variationen zu berichten hat, und diesem individuellen Erleben der vollen Harmonie.

Freilich wird man sich davor hüten, jede dann und wann sich einstellende Glücksempfindung oder jedes Gefühl der inneren Ausgeglichenheit mit jenem Symbolwort zu bezeichnen. Denn wesentlich daran ist das Unaussagbare, das Geheimnis, für das Goethe in seinem Gedicht *Selige Sehnsucht* die mahnenden Worte gefunden hat:

*Sagt es niemand, nur den Weisen
Weil die Menge gleich verhöhnet.
Das Lebend'ge will ich preisen
Das nach Flammentod sich sehnet.*

Diese schroffe Abweisung der Menge ist in der Sache selbst begründet, geht es doch um ein Menschheitsthema, das sich der Diskussion – wörtlich: einer beliebigen gedanklichen Zertrümmerung – entzieht. Dabei bekommt der kritisch-analysierende Verstand, dessen Kompetenz in allen Fragen der technischen Weltbewältigung unbestritten sei, unser Thema in seinem Gesamtumfang erst gar nicht in den Blick. Und dieses Thema heißt nicht Analyse (Zerlegung), sondern – in einem qualitativen Sinne – Synthese (Zusammenfügung).

Heilige Hochzeit heißt nicht Scheidung oder Aufspaltung des ohnehin bereits vielfältig dissoziierten Menschen, sondern Ganzwerdung, und zwar eine solche, die den „Flammentod" wissend auf sich nimmt. Dieses Wissen steht im Zeichen der Wandlung, das heißt: dieser Tod ist nicht End-, sondern Wendepunkt, Wandlungspunkt im Blick auf ein ungeahntes neues Leben. Daher Goethes bedeutsamer Wink:

> *Nicht mehr bleibest du umfangen*
> *In der Finsternis Beschattung*
> *Und dich reißet neu Verlangen*
> *Auf zu höherer Begattung.*

Der des Lichts begierige Schmetterling, Metapher des lichtsuchenden, erneuerungsbedürftigen Menschen, muss freilich verbrennen. Der Flammentod als Preis für die Erfüllung der „seligen Sehnsucht"; der Schmetterling, Inbegriff der Vergänglichkeit, der es bestimmt ist, sich ins Unvergängliche zu verwandeln:

> *Und solang du das nicht hast,*
> *Dieses Stirb und Werde!*
> *Bist du nur ein trüber Gast*
> *Auf der dunklen Erde.*

Nicht Resignation beherrscht die Grundstimmung dieser Verse, sondern die Zuversicht auf Realisation des neuen Seins. So verstanden ist die Heilige Hochzeit ein zentrales Ganzheitssymbol der Menschheit, das die einander polar entgegengesetzten Potenzen zusammenfügt: Bewusstes und Unbewusstes, das Obere und das Untere, das Lichte und das Dunkle, das Männliche und das Weibliche, zu höchst: die Weltprinzipien Yang und Ying.

Mit anderen Worten: Die Bewusstwerdung jenes Unbewussten, das die individuelle Psyche übersteigt, die Einsicht in die Gegensatznatur des Menschen, ermöglicht dem Individuum den Aufbau der Persönlichkeit. Die Entfaltung und Integration der verschiedenen, teilweise konträren Eigenschaften und Charakterzüge führt zu deren Zusammenspiel, zu einer sich gegenseitig ergänzenden Einheit, die mehr ist als die Summe ihrer Teile. Von ihr schreibt Herbert Kessler (1977):

Eine solche übersummative, in sich gegliederte und bewegliche, gleichwohl fest gefügte Einheit nennt man „Ganzheit" [...] Symbole des Individuationsprozesses, der das Ganzwerden erstrebt, sind die Sinnbilder der Wander- und Pilgerschaft, der Quest, der abenteuerlichen Reise des Ritters, der Prüfungen, etwa beim Gang durch die Elemente oder der Nachtmeerfahrt, der Höllen- und Himmelfahrt und schließlich der Wandlung und der Wiedergeburt.

Das alles sind sinnbildhafte Bezeichnungen jenes Unterwegsseins des Menschen, der innere wie äußere Prüfungen auf sich nimmt und der in der geistig-seelischen Reifung die Erfüllung seines Lebens sucht. Das erstrebte Ziel dieses Wanderns und Suchens aber ist immer wieder das der Liebeseinung der beiden getrennten Liebenden im konkreten Leben; nicht weniger wirklich auf der psychischen Ebene als Animus und Anima; im religiös-mystischen Bereich als „Gott und die Seele". Immer ist das Umfassende gemeint, die Totalität, der Einheitspunkt einer universellen Polarität, indem die Gegensätze in Mensch und Kosmos aufgehoben sind als Inbegriff jener „seligen Sehnsucht", die das Hoffen und Denken der Menschen beherrscht, und zwar selbst über die Todesgrenze hinweg.

Weil dem so ist, werden seit alters die verschiedensten Wege beschritten, um jener geheimnisvollen Coniunctio näher zu kommen. Führt man sich vor Augen, welchen Gewinn etwa eine psychotherapeutisch begleitete Individuation bringen kann, in der einerseits die Schattenproblematik, andererseits die Animus-Anima-Frage bearbeitet wird, dann wäre es gut, wenn möglichst viele Menschen sich einer solchen „Analyse" unterziehen könnten.

Doch die Möglichkeiten sind bekanntlich überaus begrenzt. Zu selten meldet sich ein innerer Führer, der die Initiation, die Einweihung ins Mysterium coniunctionis in Gang bringt.

Aber es gibt recht verschiedenartige Spontanereignisse, die eine ähnliche bewusstseinserweiternde, das Leben verwandelnde Wirkung auslösen können.

Wer denkt in diesem Zusammenhang nicht an einen schweren Schicksalsschlag, an Unfall und Krankheit und Todesnähe, in der der Einzelne unversehens mit seinem Ander-Ich, seinem wahren Selbst konfrontiert wird! Schon eine Menschenbegegnung, ein Buch, ein sogenannter „Zufall" kann den Prozess des Innewerdens und der Reifung fördern. [...]

Als C. G. Jungs Lebensende herannahte – er starb am 6. Juni 1961 – da kehrten jene Bilder einer „seligen Hochzeit" vor seinem inneren Auge zurück, die er schon früher einmal in einem Augenblick der Todesnähe geschaut hatte. Und es war im Mai 1959, als er den chilenischen Diplomaten Miguel Serrano bei sich zu Gast hatte, da vergaß der 84jährige für einen Moment, dass er als Psychologe und Wissenschaftler zum Thema der Coniunctio sprach. Er sprach wie in Versunkenheit:

> *Es gab einmal eine Blume,*
> *einen Stein, einen Kristall,*
> *eine Königin und einen König,*
> *ein Schloss,*
> *einen Liebenden und seine Geliebte,*
> *irgendwo, vor langer, langer Zeit,*
> *auf einer Insel mitten im Meer,*
> *vor fünftausend Jahren [...]*
> *Solcher Art ist die Liebe,*
> *die mystische Blume der Seele.*
> *Das ist das Zentrum des Selbst [...]*
> *Niemand versteht, was ich meine.*
> *Nur ein Dichter könnte es erahnen.*

Serrano, 1968, S. 81

Literatur

Buber, M. (1952): Die chassidische Botschaft. Heidelberg
Buber, M. (1953): Leistung und Dasein (1914), in: Hinweise
Buber, M. (1963): Werke. Dritter Band: Schriften zum Chassidismus. München
Eliade, M. (1961): Das Mysterium der Wiedergeburt. Initiationsriten, ihre kulturelle und religiöse Bedeutung. Zürich
Eliade. M. (1957): Das Heilige und das Profane. Hamburg
Evola, J. (1962): Metaphysik des Sexus. Stuttgart
Otto, W. F. (1956): Theophania. Der Geist der altgriechischen Religion. Hamburg
Hillman, J. (1969): Die Begegnung mit sich selbst. Psychologie und Religion. Stuttgart
Kessler, H. (1977): Das offenbare Geheimnis. Freiburg 1977
Mann, U. (1975): Die Religion in den Religionen. Stuttgart
Neumann, E. (1949): Ursprungsgeschichte des Bewusstseins. Zürich
Neumann, E. (1979): Amor und Psyche. Olten
Schubart, W. (1941): Religion und Eros . Hrsg. Friedrich Seifert. München
Schönberger, M. (1973): Verborgener Schlüssel zum Leben. München-Bern
Serrano. M. (1968): Meine Begegnungen mit C. G. Jung und Hermann Hesse in visionärer Schau. Zürich

Gerhard Wehr (1932-2015)
Dr. theol. h. c., 1970 bis 1990 Lehrbeauftragter an der Fachakademie für Sozialpädagogik in Rummelsberg, freier Schriftsteller in Schwarzenbruck bei Nürnberg, Verfasser zahlreicher, in viele Sprachen übersetzter Werke zur Religions- und Geistesgeschichte.

Coniunctio und Neugeburt *(Abbildungen 5 und 10 aus Rosarium philosophorum, 1550)*

In den Fantasien, Imaginationen, Symbolen und Prozeduren der Alchemisten erkannte C. G. Jung zahlreiche symbolische Parallelen zur Individuation und zum therapeutischen Prozess. Der alchemistische Grundgedanke war, dass die Energie, die sich in ursprünglicher Form in der Materie wie in der Natur fand, durch fortwährendes Lösen und Verbinden, Analysieren und Zusammenfügen in die höchste Form des „Steines der Weisen" gewandelt werden solle.

Die Entsprechung zum Individuationsprozess sah Jung darin, dass es in diesem eine fortwährende analytisch-integrative Auseinandersetzung zwischen Bewusstem und Unbewusstem gibt, so dass persönliche und unpersönliche, körperliche und geistige, schattenhafte Trieb- und Affektanteile und weiblich-männliche Energien ihre zunehmend bewusster werdende Einheit im Selbst finden. Dieser Verbindungsprozess von Gegensätzlichem spiegelt sich in vielen Symbolen der Alchemie, insbesondere auch solchen der sexuellen Vereinigung.

In obiger Abbildung vereinigen sich König und Königin im Wasser (im Brunnen, im alchemistischen Gefäß, in Auseinandersetzung mit der schöpferischen Kraft des Unbewussten). Sie (d. h. ihre bisherigen Einstellungen und Werte) sterben dort, erneuern und verwandeln sich und werden als Einheit, als doppeltes weiblich-männliches Paar wieder geboren. Die Flügel deuten auf einen Vergeistigungs- bzw. Bewusstwerdungsprozess hin.

Der Tempelbezirk von Khajuraho (Indien, UNESCO Weltkulturerbe) wurde im 9./10. Jahrhundert erbaut, geriet lange in Vergessenheit und wurde im 19. Jahrhundert von den Briten wiederentdeckt. Dort finden sich zahlreiche erotische Skulpturen. Sie werden *Mithunas* (Sanskrit: Vereinigung, Paar, Hochzeit, Geschlechtsverkehr) genannt, das sind *Himmlische Liebespaare*, die sich auch sonst noch an zahlreichen buddhistischen, jainistischen oder hinduistischen Tempeln in Indien finden. Darüber, welche Funktionen sie haben könnten, gibt es noch keine Einigung unter Wissenschaftlern.

Schutz-, Zauber- und Abwehrfunktion? Darstellungen von Sexualorganen und Geschlechtsverkehr wurden als energetisch hoch aufgeladene Symbole in verschiedener Hinsicht in vielen Kulturen verwendet, um Dämonen abzuschrecken oder die eigene Fruchtbarkeit und Potenz zu erhöhen.

Aufklärungsunterricht? Z. B. Kennenlernen der verschiedenen Kamasutra-Stellungen und tantrischen Übungen.

Reinigung? Eine Möglichkeit, sich vor dem Eintritt in den Tempel noch einmal aller erotischen Bedürfnisse und Fantasien bewusst zu werden und sie „abzureagieren", um sich davon zu befreien, wenn man in das heilige Innere eintritt.

Erleuchtung? Sich der Sexualität als göttlicher Energie bewusst werden. Nach tantrischer Auffassung spiegelt sich im sexuellen Liebesakt die Erschaffung des Universums. Wie die ewigen Prinzipien des Weiblichen und des Männlichen (Shakti und Shiva) in ihrem Wechselspiel das Universum hervorgebracht haben und in Bewegung halten, so können sich Frau und Mann der in ihnen waltenden göttlichen, schöpferischen Kräfte bewusst werden und sie zu höherer bewusster Einheit verbinden.

Sexualität und Leidenschaft

Dirk Revenstorf

Leidenschaft

Leidenschaften gibt es viele. Spielen, Sammeln, Kunst, Sport, humanitäre Ziele, Gerechtigkeit, Naturschutz, Herrschen, Jagen. Jedwede Abenteuer können zur Leidenschaft werden ebenso wie Hass und Eifersucht oder Perversionen, Töten, Betrügen oder Forschen und Fälschen. Im Duden heißt es, Leidenschaft sei ein Gemütszustand, der sich in emotionalem Verhalten äußert, das vom Verstand nur schwer zu steuern ist; sie ist durch große Begeisterung für etwas gekennzeichnet, was man sich immer wieder zu verschaffen sucht oder für eine bestimmte Tätigkeit, der man sich mit Hingabe widmet. Und sie kann eine mit ungestümem Besitzverlangen verbundene Zuneigung zu einem Menschen sein.

Jean-Jacques Rousseau stellt dem Gewissen als der Stimme der Seele die Leidenschaft als Stimme des Körpers gegenüber. Sie wird eine Art Fieber des Geistes genannt, das uns schwächer verlässt, als es uns vorgefunden hat. Diese pessimistische Sicht wird auch vom Buddhismus und philosophischen Traditionen wie der antiken Stoa oder dem Rationalismus der Aufklärung geteilt, denn die Kontrolle der Affekte wurde für eine Tugend gehalten und Leidenschaft für die Ursache allen menschlichen Unglücks. Heutzutage hat der Begriff eher positive Konnotation, weil Leidenschaft dem Bemühen die Energie verleiht, durchzuhalten und selbst das zu vollenden, was unmöglich erscheint. Und besonders in der Sexualität ist Leidenschaft wünschenswert.

Filmszene aus dem Film Doktor Schiwago (1965) mit Omar Sharif und Julie Christie

Der Leidenschaft wird in Literatur und Filmkunst breiter Raum gewidmet. Ihr wohnt etwas Destruktives inne, da sie keine Grenzen kennt und manchmal Züge bis zur Besessenheit annimmt, wie an Despoten mit wahnhaften Ideen wie Nero, Stalin oder Hitler deutlich wird. Auch bei Forschern, wie dem Mathematiker Alan Turing, waren die Mitmenschen manchmal nicht sicher, ob es sich um ein Genie oder einen Wahnsinnigen handelte, so leidenschaftlich arbeitete er an dem mechanischen Vorläufer eines Computers, der aus einem gigantischen Räderwerk bestand, mit dem es ihm gelang, den als unlösbar betrach-

Medea auf einem römischen Wandbild des 1. Jahrhunderts aus Herculaneum im Archäologischen Nationalmuseum Neapel (www.wikimedia.org)

teten Geheimcode der deutschen Wehrmacht während des Zweiten Weltkriegs zu entziffern.

Besondere Bedeutung hat die Leidenschaft in Liebesbeziehungen, die oft tragisch enden wie bei dem Paar Juri und Lara in Pasternaks *Dr. Schiwago* oder Goethes *Werther*. Schon in der Antike und im Mittelalter wurde diese Art der Tragödie besungen; Medea war in ihrer Eifersucht so leidenschaftlich, dass sie ihre eigenen Kinder umbrachte, um sich an deren Vater Jason zu rächen, der sie verlassen hatte. Tristan und Isolde liebten sich so leidenschaftlich, dass sie beide die Loyalität zum König aufs Spiel setzten, die Untreue riskierten und zusammen starben, ebenso wie auch Romeo und Julia.

Manchmal ist die Erfüllung der leidenschaftlichen Liebe mit Prüfungen verbunden wie bei Psyche, die Amor, ihren Geliebten, durch Neugier verlor und zahlreiche schwierige Aufgaben meistern musste, um die Laune der Götter umzustimmen; oder Orpheus, der seiner toten Eurydike in die Unterwelt folgte, um sie wiederzugewinnen.

Der Passion haftet dann etwas Heroisches an. In Charlotte Brontës Roman *Jane Eyre* bewahrt die Heldin die Leidenschaft für ihren Hausherrn über Jahrzehnte und ihre Liebe endet erst glücklich, als sie ihn verarmt und einsam wiederfindet.

Auch ohne sexuelle Erfüllung kann eine Leidenschaft überdauern und positive Wirkungen haben, wie bei Dante, der seine Beatrice nur einmal sah, als sie 14 Jahre alt war und die ihn als Muse seiner Poesie im Geiste sein Leben lang begleitete.

Leidenschaft ist zwar gefährlich, weil in den Folgen schwer kalkulierbar. Auf der anderen Seite: Darauf zu verzichten, heißt unter Umständen, sich um eine profunde Lebenserfahrung bringen. Etwas, das unvergesslich bleibt und das Dasein mit dem bisschen Drama dekoriert, das unser in der Komfortzone durchgestyltes Leben sonst kaum noch zulässt. Sie ängstlich zu meiden, würde die Chance nehmen, mit den Abgründen der eigenen Existenz in Berührung zu kommen und von sich selbst nicht nur das Bild des Biedermanns, sondern auch die Schattenseite des Brandstifters kennenzulernen.

Sexualität

Von biologisch orientierten Autoren wird Liebe häufig auf den animalischen Sexualtrieb reduziert. Wie die Tiere haben auch Menschen elementare sexuelle Bedürfnisse, die unter anderem der Fortpflanzung dienen. Der sexuelle Trieb lässt zwar in der Regel beim Mann ab dem 20. und bei der Frau ab dem 30. Lebensjahr allmählich nach, bleibt aber im Alter – bei der Frau auch nach der Menopause – lange erhalten, kann also nicht allein dazu gedacht sein, der Zeugung zu dienen.

Der Neurobiologe Gerald Hüter bezweifelt sogar, dass die Sexualität als Hauptzweck der Fortpflanzung dient, da es zahlreiche Arten von Lebewesen gibt, die sich ungeschlechtlich durch Teilung, Sprossung, Selbstbefruchtung oder Jungfernzeugung viel unkomplizierter fortpflanzen. Die geschlechtliche Fortpflanzung ist damit verglichen ziemlich krisenanfällig. Der Nachwuchs ist daher womöglich gar nicht das eigentliche Ziel der Sexualität, sondern eher ein Nebenprodukt.

Die menschliche Sexualität unterscheidet sich von der tierischen durch die „Dauerbrunst und Dauerbrunft" (vgl. Hofstätter 1964). Seit vielen hunderttausend Jahren haben die Vorfahren des heutigen Homo sapiens die permanente Lust erworben – als irrationaler Gegenpol und Ergänzung zur Entwicklung des Cortex zum Vernunft-Apparat. Sexualität ist viel mehr als ein schwierig zu regulierendes biologisches Triebsystem. Die sexuelle Revolution in der zweiten Hälfte des letzten Jahrhunderts hat für die Ausübung der Sexualität mehr Freiheit zugelassen als in den vorangehenden Jahrhunderten denkbar war. Sie ist in der postmodernen Gesellschaft zu etwas geworden, womit das Individuum seine Reifeprüfung ablegt, wie Eva Illouz darlegt. Mit sexueller Performanz und Orgasmusfähigkeit wird man erwachsen und dokumentiert durch das Bekenntnis zur sexuellen Bereitschaft seine persönliche Freiheit – z. B., indem man sich als Schwuler outet. Außerdem ist Sex ein Medium, mit dem man sich bezüglich solcher Themen wie Liebe, Leidenschaft, Partnerwahl, Ehe, Fortpflanzung artikuliert und ein Profil schafft. Sex ist ein vieldimensionaler Raum, in dem sich das Individuum entfalten kann.

Die sexuelle Leidenschaft führt zur Ekstase, aber oft genug auch zum bitteren Ende, weil sie über alle Schranken hinweggeht. In dem Film *Das blaue Zimmer* treffen sich eine Apothekerin und ein Landmaschinenhändler regelmäßig zu einem Schäferstündchen in einem Hotel. Sie können es vor ihrem jeweiligen Ehegatten verheimlichen. Als der Mann der Apothekerin stirbt und sie frei wird, bringen sie die Ehefrau des Landmaschinenhändlers gemeinsam um, damit ihrer Liebe nichts mehr im Wege steht. Doch sie werden gerichtlich überführt und stolz wie Medea geht sie lebenslang ins Gefängnis, während er am gleichen Urteil zerbricht. In dem Roman *Die Schöne des Herrn* von Albert Cohen verlässt die bürgerliche Ehefrau ihre Familie und treibt den Gatten in den Selbstmord, um mit einem Diplomaten durchzubrennen, der damit seine Karriere ruiniert. Nachdem sie in ihrer fortdauernden sexuellen Ekstase sich immer mehr von der Gesellschaft isoliert haben, enden sie im gemeinsamen Suizid.

Sex, Erotik und das Fremde

Wie der forensische Psychiater Hans Ludwig Kröber sagt, ist Gewalt in der Mehrzahl der Fälle nicht krank und daher auch nicht therapierbar, denn Töten ist menschlich. Sie müsse daher nicht pathologisiert, sondern domestiziert werden. Auch Sexualität ist ein natürliches Bedürfnis von ungezähmter Wildheit und Leidenschaft – weitaus erfreulicher, aber ähnlich schwer zu bändigen, und sie ist im Allgemeinen nicht gemeingefährlich. Nur in Extremfällen werden gesetzliche Regularien für nötig gehalten, z. B. bei Pädophilie oder wenn Sex mit Gewalt durchgesetzt wird. Bei einigen Problemen, die bei sexuellen Eskapaden gelegentlich in Kauf genommen werden, kann man allerdings vermuten, dass es sich um eine Art biologische Notdurft handelt und nicht um Leidenschaft. Jene Sorte kopfloser Inkontinenz, die sich Männer in herausgehobener Position bisweilen gestatten, ist wohl eher ein patriarchales Relikt, eine Art ius (primae) noctis, als würden sie vergessen, dass sie in einer demokratischen Ordnung der gleichberechtigten Geschlechter leben.

Wer sich auf eine langfristige Liebesbeziehung einlässt, begibt sich allerdings automatisch in ein Spannungsfeld zwischen Loyalität zum Partner seiner Wahl auf der einen Seite und dem sexuellen Begehren auf der anderen Seite. Wohlergehen in der Beziehung und sexuelle Leidenschaft werden nicht immer zur Deckung gebracht. Für die daraus entstehenden Konflikte potenzieller Untreue gibt es keine einfache Lösung und jedes Paar muss einen eigenen Weg finden. Das ist Arbeit oder, wie Brecht sagt: *Liebe ist eine Produktion.*

Sex ist nicht einfach eine Teilmenge von Liebe. Es gibt erfüllende Liebe ohne Sex und erfüllenden Sex ohne Liebe. Doch beide profitieren voneinander; Liebe verleiht dem Sex Tiefe und es fehlt der Liebe ohne Sex eine vitale Qualität. Vertrautheit und emotionale Verbundenheit, die eine langfristige Liebesbeziehung mit sich bringen kann, sind wahrscheinlich die Quelle größter existenzieller Sicherheit. Auf der anderen Seite sind Sex und Erotik auch ohne Liebesbeziehung in vieler Hinsicht eine grandiose Ressource des Wohlbefindens: physiologisch, emotional, spirituell. Allerdings birgt das sexuelle Begehren, wenn es auf jemanden außerhalb einer bestehenden Beziehung gerichtet ist, Verletzungsgefahr. Das Dilemma ist: Die Objekte von Liebe und Lust sind nicht immer dieselben. Man kommt nicht da-

Gaston Bussiere (1862-1928): Tristan und Isolde (www.wikimedia.org)

ran vorbei: Es gibt zwei Arten von Sex, Abenteuersex und Bindungssex.

Bindungssex kann die emotionale Nähe und die seelische Verbundenheit der Liebenden vertiefen und ihnen das Gefühl geben, in einer elementaren Weise für einander da zu sein. Der Orgasmus lässt eine gegenseitige Öffnung zu, die über jeden gesprächsweisen Austausch hinausgeht. In der sexuellen Vereinigung sind die Partner in der Lage, alle vordergründigen Frustrationen zwischen ihnen und um sie herum hinter sich zu lassen und allen Streit zu vergessen. Insofern bietet Sexualität etwas, das alle anderen Kommunikations-Möglichkeiten übertrifft.

Es gibt aber auch einen Aspekt der Sexualität, der von der Fremdheit lebt. Das Abenteuer in relativer Anonymität als One-Night-Stand, als spontan überwältigende Hingabe. Der Reiz des total unverbindlichen, vom momentanen Bedürfnis gesteuerten Zusammentreffens liegt in der schnellen Eroberung außerhalb gesellschaftlicher Ordnungen, in der einvernehmlichen umstandslosen gegenseitigen Befriedigung, in der beziehungslosen, geradezu anarchistischen Begegnung. In einer solchen Verdichtung sexueller Lust liegt etwas Obszönes, wie der Philosoph George Bataille eindrücklich darstellt – eben die Überschreitung von Grenzen des Anstandes und der Rationalität. Die ungeregelte, unregelbare sexuelle Leidenschaft hat den Charakter der Befreiung – sie

ist die letzte Bastion gegen die Übermacht der Vernunft.

Es ist so, als ob mit der Vertrautheit des Anderen das Begehren nicht unbedingt steigt. Erotik scheint durch Fremdheit zu gewinnen. Unter dem Mantel der Anonymität muss nichts zurückgehalten werden. Die Vertrautheit macht unfrei und begrenzt ebenso wie die Vorwegnahme der zukünftigen Scham die sexuelle Variationsbreite. In der Begegnung mit dem Unvertrauten gelingt es eher, vorübergehend ungeniert das zu sein, was man sein möchte. Ungewohnte Umstände und eine fremde Umgebung lassen Seiten hervortreten, die in den Konditionierungen der alltäglichen vier Wände geringe Chancen haben.

Die Erwartung einer ungewöhnlichen oder sogar gefährlichen sexuellen Begegnung ohne Perspektive potenziert den Einsatz und macht die Eroberung zu einer unwiderstehlichen Verlockung. Sie fördert den Mut, wie ein Desperado alles auf eine Karte zu setzen. Vom Rausch der Vorfreude beflügelt, gewinnt die begehrte Person überdimensionale Bedeutung. Versteckt sich aber hinter dem Sexangebot doch manchmal ein weitergehender Bindungswunsch? Versuchen z. B. etwa Frauen heimlich oder unbewusst, Männer erst auf den Pfad der Leidenschaft und dann mit raffinierten emotionalen Strategien in die Falle der Bindung zu locken, wie es Eva Illouz in ihrer Analyse von *Fifty Shades of Grey* von der Protagonistin Ana Steele behauptet?

Der Erhalt der Leidenschaft in der Liebe
Monogamie ist in gewissem Ausmaß eine lustfeindliche Erfindung der Gesellschaft. Das muss nicht so sein. Auch ist Sex innerhalb wie außerhalb einer langfristigen Beziehung keine Garantie für Leidenschaft. Liebe, Sex und Leidenschaft sind voneinander unabhängig und

können sich gegenseitig fördern. Tatsächlich fand der bekannte Liebesforscher Sternberg, dass zu einer stabilen Beziehung drei Komponenten gehören, nämlich Verbindlichkeit, die im Bekenntnis der Liebe zum Ausdruck kommt, Intimität, wobei Sex ein Aspekt von Intimität sein kann, die aber auch in emotionalem oder geistigem bzw. spirituellem Austausch bestehen kann, und Leidenschaft, die der Sex ebenfalls mit sich bringen kann, der aber auch nur ein Aspekt von Leidenschaft ist.

Leidenschaft kann in einer festen Bindung fortbestehen, wenn man sie pflegt – dadurch, dass man Differenzen zulässt. Sex kann in einer dauerhaften Liebesbeziehung so ekstatisch sein wie in einer Affäre; er kann darüber hinaus eine Tiefe haben, die aus der sinnlichen Begegnung mit der geliebten Person resultiert und die dem Abenteuer versagt bleibt – aber es fehlt der Kick der Neuheit und damit die Transzendenz des Gewohnten. Wenn man Achtsamkeit auf die sexuelle Begegnung anwendet und es gelingt, die Aufmerksamkeit auf den Moment zu fokussieren, dann ist es möglich, die Erinnerung an das schon miteinander Erlebte in den Hintergrund treten zu lassen und die gegenwärtige Begegnung als neu zu erleben (vgl. Deida 2004).

Erotische Sexualität und Spiritualität

Im Gegensatz zur genitalen Sexualität, die der Befruchtung, der Stimulation oder dem Spannungsabbau dient, spielt sich erotische Sexualität nicht in Sekunden oder Minuten ab, sondern kann Stunden dauern. Die Beherrschung dieser kunstvollen Form der Sexualität ist dem Menschen nicht angeboren, sie muss vielmehr erlernt werden. Sie ist nicht primär am Orgasmus orientiert, sondern daran, die Lust zu steigern und sie als kosmische oder göttliche Energie zu erleben und nicht als auf die Genitalien konzentrierte Spannung und deren Entladung.

Erotik kann ohne Orgasmus erlebt werden, sie kann gemeinsame oder mehrfache Orgasmen beinhalten. In der erotischen Sexualität sind die Partner aufeinander bezogen, öffnen sich gegenseitig mehr als im Alltag und nehmen den Anderen in sich auf. Erotische Sexualität setzt zwar eigentlich keine Bindung voraus; die Partner sind Begleiter, die sich gegenseitig die Steigerung der Lust und die Transzendenz ermöglichen. Doch ohne Frage ist es einer bestehenden Bindung zwischen zwei Menschen förderlich, wenn sie sich diese Erfahrung gegenseitig schenken können.

Um die Liebesbeziehung leidenschaftlich zu erhalten, sind Unterschiede wichtiger als die Gleichheiten der Partner. Die weibliche und die männliche Art, Sexualität zu leben, sind verschieden und dieser Unterschied macht einen Teil der Magie der gegenseitigen Anziehung aus. Die männliche Energie trägt etwas anderes zu diesem gemeinsamen Prozess bei als die weibliche Energie. Die männliche Energie gibt dem Prozess die Richtung und die weibliche das Fließen. Damit soll nicht die Rolle von Mann und Frau in uralten Klischees festgeschrieben werden, die von der Emanzipation längst überholt sind. Beide Geschlechter haben männliche und weibliche Anteile und es kann durchaus der Mann die weiblichen Anteile mehr in die Beziehung einbringen und die Frau die männlichen. Aber eine Nivellierung der Unterschiede von männlicher und weiblicher Energie in der Beziehung wäre langweilig, denn gerade die Polarisierung macht die Spannung aus.

Ganz auf die maskuline Rolle fixierte Männer erleben Sexualität vielleicht hauptsächlich als Befreiung: Befreiung von Spannung und Einschränkung. Deshalb tendieren Männer dazu, unmittelbar nach dem Orgasmus einzuschlafen, denn sie sind am Ziel: befreit. Aber das ist nicht das, was Frauen sich wünschen. Die weibliche Energie strebt nach Fülle an Gefühlen und Inhalten. Ein schnarchender Mann passt nicht zum Gefühl emotionaler Fülle. Daher ist es wichtig, dass Partner nicht nur das Gefühl der Befreiung, sondern auch das des emotionalen Fließens teilen und sich gegenseitig vermitteln können (vgl. Spiegel 21, 2015).

sexualität

Differenzierung, das Geheimnis des Erhalts der Leidenschaft

Die Polarisierung der männlichen und weiblichen Anteile in der Beziehung verschwindet in der Verschmelzung des Orgasmus vorübergehend. Damit die Polarisierung wiederhergestellt werden kann, ist es ratsam, dass Mann und Frau getrennte Räume und Zeiten für sich beanspruchen. In ständiger Nähe würden sich ihre Energien verschleißen, und sie würden nicht die Gelegenheit haben, sich zu regenerieren. Nähe und Distanz, beide sind nötig, um die Spannung und Attraktivität in der Beziehung aufrechtzuerhalten, und sie bedingen sich gegenseitig.

Die Generation Y ist zwar eventuell seriell monogam, aber im wesentlich treu und sexuell aktiv. Heute verlangen rund 80% der Frauen wie Männer gleichermaßen Treue in Beziehung, während es in den wilden Jahren der Pornutopia-Generation X 69% bzw. 62% waren (vgl. Spiegel 21, 2015). Frauen sind initiativ und lassen sich ihre Lust nicht von der traditionellen Rollenverteilung verderben, in der die Frau dem Mann zur Verfügung steht und eigene Wünsche zurückstellt. Die neue Form der sexuellen Beziehung ist von gleichberechtigten unterschiedlichen Wünschen bestimmt.

Auch Frauen bestehen auf ihrem sexuellen Profil. Das Lob der Unterschiedlichkeit, von Sexualtherapeuten wie David Schnarch, Esther Perel und Ulrich Clement propagiert, findet sich auch im Alltag wieder. Arrangements wie Sex-Gutscheine oder Verabredungen - heute Dein Sex und morgen Mein Sex - zu inszenieren (Revenstorf 2015), erfreuen sich zunehmender Beliebtheit, ebenso wie das gemeinsame Anschauen von Pornos – auch, weil von Frauen gedrehte Pornos etwas anders aussehen als die üblichen machistischen Unterwerfungszeremonien.

Sex, der uns spüren lässt, wie der Poet Kalil Gibran es treffend formuliert, dass das Leben mehr ist als Verwirrtheit des Geistes und Traurigkeit des Gemüts und etwas geben kann, das größer ist als jede Angst, ist in die Beziehung zurückgekehrt. Die Ehe muss daher nicht, wie Gottfried Benn gesagt haben soll, eine Institution zur Lähmung des Geschlechtstriebs sein.

Literatur

Battaille, G. (1972): Das obszöne Werk. Reinbeck: Rowohlt
Buss D. M. (1994): Die Evolution des Begehrens. Hamburg: Kabel
Clement, U. (2003): Systemische Sexualtherapie. Stuttgart: Klett
Deida, D. (2004): The way of the superior man. Boulder: Sounds True
Hofstätter, P. R. (1964): Sozialpsychologie. München: Kröhner
Hüther, G. (2003): Die Evolution der Liebe. Göttingen: Vandenhoeck & Ruprecht
Illouz, E. (2013): Die neue Liebesordnung. Berlin: Suhrkamp
Kröber H. L. (2012): Töten ist menschlich. Die Zeit, 42 vom 11.10.2012
Perel, E. (2006): Wild life. Die Rückkehr der Erotik in die Liebe. München: Pendo
Revenstorf, D. (2008): Die geheimen Mechanismen der Liebe. 7 Regeln für eine glückliche Beziehung. Stuttgart: Klett-Cotta
Revenstorf, D. (2015): Liebe und Sex in Zeiten der Untreue. Wege aus der Verunsicherung. München: Droemer-Knaur
Spiegel 21 vom 16.05.2015. Hamburg
Sternberg, R. J. & Barnes, M. L. (1988): The Psychology of Love. London: Yale University Press
Schindler, L., Hahlweg, K. & Revenstorf, D. (1991): Partnerschaftsprobleme: Möglichkeiten zur Bewältigung. Heidelberg: Springer
Schnarch, D. (1997): Die Psychologie sexueller Leidenschaft. Stuttgart: Klett

Dirk Revenstorf
Professor für Klinische Psychologie, Universität Tübingen; Approbierter Psychotherapeut; spezialisiert auf Hypnotherapie und Paartherapie. 1984-2009 Vorstand der Erickson Gesellschaft. Zahlreiche Bücher und wissenschaftliche Publikationen.

Eros und Chaos – das Spiel der Gegensätze

Roland Heinzel

Einer meint, Reiter, ein Anderer, Solda-
ten mit Lanzen, Schiffe seien die stärkste
Macht, sagt ein Dritter. Was aber mich
allein zu bezwingen vermag, ist die
Liebe.

Sappho

Vorbemerkungen

Die Partnerliebe und Erotik als eine komplexe menschliche Erfahrung zwischen Machtkampf und kreativem Chaos, Sehnsucht und Alltagswirklichkeit besser zu verstehen, ist von jeher eine Herausforderung für die Tiefenpsychologie: Warum hat die Verliebtheit nur so kurz Bestand? Warum erstarrt die Himmelsmacht Liebe so oft in Eintönigkeit oder Machtkampf? Warum ist die Balance zwischen Abgrenzung und Hingabe so schwer?

So lade ich Sie nun ein zu einer Achterbahnfahrt zwischen Verwirrung und Verstehen, zwischen Struktur und Auflösung, zwischen Wissenschaft und Poesie.

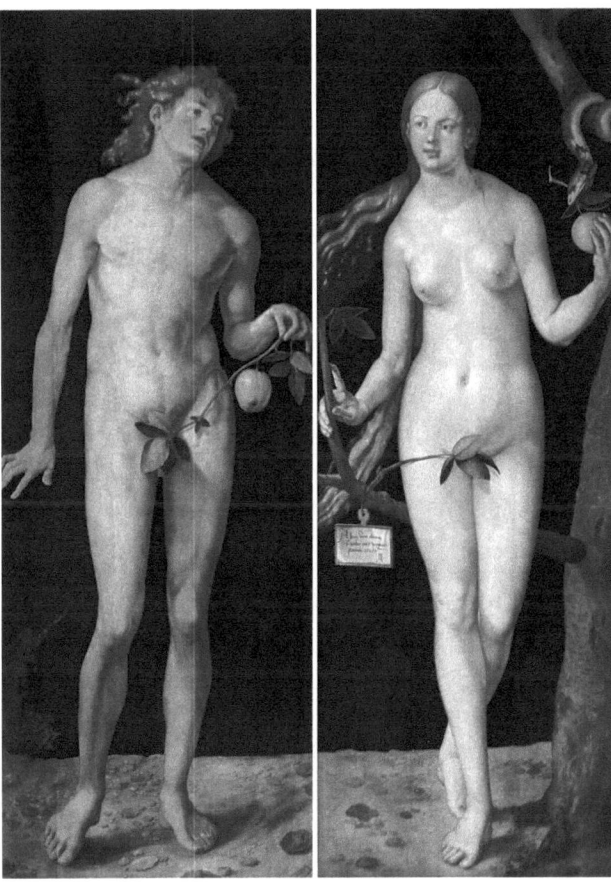

Albrecht Dürer (1471-1528): Adam und Eva, Prado, Madrid (www.wikimedia.org)

1. Einführung

1.1. Das Kind der Freiheit?

Wir erkennen schon ansatzweise die untergründige Basis für das Chaos der Liebe: die gegenseitige Anregung in der Spannung zwischen den Polen. Eros ist in manchen Mythen Schöpfer der Welt aus dem Chaos, in anderen ist er selbst der Sohn des Chaos und der Erdmutter Gaia. Nach diesen Mythen kann der reifere Eros sich dem Unvorhersehbaren anver-

trauen, da er in der Tiefe von Gaia getragen ist. Dazu ein Ausflug in die Urgeschichte: Bei den Urmenschen in der Savanne Ostafrikas gab es weder Matriarchat noch Patriarchat. Beim Neandertaler und beim Cro Magnon, dem Vorläufer des angeblichen Homo sapiens, kooperierten die Geschlechter, weil sie völlig aufeinander angewiesen waren und nur so das Überleben möglich war: Die Frauen benötigten für Schwangerschaft und Stillzeit vor allem

Proteine und Phosphate. Die gab es aber fast nur in den Großtier-Kadavern, die die Männer auf ihren Beutezügen fanden (von den Geiern geleitet). Umgekehrt brauchten die Männer für die viele Laufarbeit Energie von Kohlenhydraten, und die gab es vor allem von den Beeren, Knollen und Wurzeln, die die Frauen in Lagernähe sammelten. Erst später bildeten sich im Rahmen der Sesshaftwerdung Hierarchien heraus (vgl. Allman und Reichholf).

Alle Archetypen sind wohl evolutionär entstanden. Am deutlichsten ist das beim immer mehr verleugneten Archetyp der Großen Mutter, der die genannte Kooperation der Geschlechter repräsentiert, und die Einbettung des Menschen in Umwelt, Jahreskreislauf usw. Aus diesen Funktionen des gemeinsamen Überlebens haben sich unsere erst unbewussten, dann immer mehr bewussten psychischen Grundstrukturen herausgebildet.

Und jetzt Liebe und Chaos? Aber vielleicht ist uns doch diese merkwürdige Mischung irgendwie vertraut? Die griechische Liebesgöttin Aphrodite, die mit dem hinkenden Götterschmied Hephaistos verheiratet war, hatte ihre leidenschaftlichste Affäre mit dem Kriegsgott Ares. Super-Anima trifft auf Super-Animus. Das weist hin auf Jungs Erkenntnis, dass in der Seele Polaritäten dominieren: neben vielen Gegensätzen wie Bewusst und Unbewusst und Animus und Anima jetzt also auch Ordnung und Unordnung".

Hierzu gebe ich sinngemäß Auszüge aus einem Vortrag von Anita von Raffay wieder:

Es bedarf der Sehnsucht nach dem Daimon Eros, um ihn entstehen zu lassen, ihn mit und aus dem Chaos zu zeugen und ihn mit der Erde zu gebären. ... Den unendlichen Chaos als Vater haben, heißt für Eros, dass er ein Sohn der Freiheit ist, dass alles für ihn noch möglich ist, dass man es in der Liebe mit Grenzenlosigkeit und mit Grenzen-Setzen zu tun hat.

Sein Reich ist tatsächlich ohne Grenzen und reicht, wie Jung schrieb, von den endlosen Weiten des Himmels bis zu den dunkelsten Abgründen der Hölle. Deshalb ist seine Grenzenlosigkeit und Freiheit auch zu fürchten. Sie *stellt ein fortwährendes Risiko dar, Altes verlassen zu müssen, kollektive Sicherheit und Anpassung hinter sich zu lassen. Eros, der in der Antike auch „der Gliederlösende" genannt wurde, ist der, der Konventionen, Erstarrtes auflöst, der das Vergreiste nicht duldet. Aber diese Freiheit hat nichts zu tun mit einem Freibrief. Sie ist eher ein schmerzhafter Verzicht auf das Besitzen des geliebten Menschen.*

Liebe ist keine Lebensversicherung. Den ewigen Eros gibt es nur im Tod. Zur Freiheit des Eros gehört das Risiko, das Nicht-Festhalten, das Sich-notfalls-auch-lösen-Können. Auf Ewigkeit verzichten heißt, Macht aufgeben, heißt, das Schicksal nicht zwingen wollen, heißt, Eros leben. Es ist dies das Gegenstück zur Symbiose ... Nur wer radikal aufbrechen kann, sich nicht festhalten lässt und selbst nicht festhält, kennt Eros. Wenn wir zu früh von Chaos wegstreben, erleben wir auch Eros nicht. „Die Liebe ist nicht süßlich, die Liebe schneidet in das lebendige Fleisch", sagt ein Dichter.

1.2. Warum Chaosforschung?

Natürlich wissen wir (vor allem, wenn wir schon verliebt waren), dass es bei der Liebe oft chaotisch zugeht, *himmelhoch jauchzend, zu Tode betrübt*: Die Kräfte, die hier gegeneinander wirken, erzeugen Gefühlschaos" zwischen Hoffen und Bangen, zwischen Hingabe und Selbstschutz. Auch werden wir in der Verliebtheit regelmäßig eingeholt von Verunsicherungen, unerfüllten Wünschen und Ängsten aus der Kindheit, die wir überwunden zu haben glaubten.

Die Chaosforschung befasst sich vorwiegend mit dem Wechsel und der Spannung zwischen Polaritäten. Sie versucht zu beschreiben, was geschieht, wenn Gegensätze ebenbürtig aufeinandertreffen – wie Wetterfronten, Religionen, Meinungen u.v.m.: Wenn dabei nicht sofort eine Kraft die andere unterdrückt, ist das Ergebnis unkalkulierbar. Und solche unvorhersehbare Prozesse sind Gegenstand der Chaos- und Komplexitätsforschung.

Die Systemwissenschaften begannen in den 50er- und 60er-Jahren mit der *Allgemeinen Systemtheorie* von Ludwig Bertanalaffy, der

Titian (1490-1576): Mars, Venus und Amor, Kunsthistorisches Museum, Wien (www.wikimedia.org)

in verschiedensten Lebensvorgängen ähnliche oder analoge Grundmuster erkannte, sodass man z. B. von Erkenntnissen über komplexe chemische oder physikalische Vorgänge auch auf biologische und soziale Phänomene schließen kann. System bedeutet dabei eine bestimmte Sichtweise auf einen beliebigen Ausschnitt der Wirklichkeit. Gregory Bateson u. a. haben diese Ideen bald auf Psychiatrie und Psychotherapie übertragen – als Basis für die systemischen Familien- und Paartherapie.

Die Analytische Psychologie hat schon sehr früh ein systemisches Denken entwickelt, u. a. mit der Vorstellung einer bewusst-unbewussten Ganzheit der Persönlichkeit, mit der Beobachtung der Kompensation und Selbstregulation sowohl in individuellen wie auch in kollektiven Prozessen.

Die Seele als ein selbstregulierendes System ist balanciert wie das Leben des Körpers. Für alle exzessiven Vorgänge treten sofort und zwangsläufig Kompensationen ein, ohne sie gäbe es weder einen normalen Stoffwechsel, noch eine normale Psyche.

Jung GW 16, § 330

1.3 Was ist Liebe ?

Bei keinem anderen Thema klaffen unsere Wunschvorstellungen (oder Illusionen?) und die oft beklemmende Alltagswirklichkeit so weit auseinander wie bei der Liebe: Scheidungsrate, Trennungs- und Patchworkfamilien, Gewalt zwischen Ehepartnern, Frauenhandel, Vergewaltigungen, Aids: Als „aufgeklärte" Mitteleuropäer und besonders als Therapeuten, die damit täglich konfrontiert werden, müssen wir uns fragen, ob die Liebe, dieses *Kind der Freiheit* (Möller 1990), überhaupt noch mit einer lebenslangen Partnerschaft zu vereinbaren ist – aus evolutionärer Sicht war sie ja noch nie so lange notwendig gewesen, bei der früher viel kürzeren durchschnittlichen Lebenserwartung der Menschen. Peter Schellenbaum beschreibt die scheinbare Widersprüchlichkeit und Faszination der Liebe u.a. so:

- *Liebe ist auf der Grenze zwischen Geborgenheit und Ungeborgenheit.*
- *Liebe ist weder Harmoniesucht noch Zweiöde.*
- *Liebe ist unteilbar: Die Liebe zum andern und zu sich selbst ist das gleiche.*
- *Wir lieben immer einen Unbekannten, deshalb suchen wir immer wieder Gelegenheiten, in denen wir einander fremd sind.*
- *In der Liebe werden Grenzlinien zu Berührungslinien.*
- *Liebe ist die Gratwanderung zwischen dem „Ich" und dem „Du".*

1.4. Dominanz und Unterwerfung

Auf meinem Weg zum Grunde des Seins führe ich unhaltbare Pläne mit mir, die kühnsten, die man erdenken kann. Wer kann denn wissen, welche Sanftheit mich trägt, welche Dreistigkeit des Liebenden und, plötzlich, welche entscheidende Raserei? Meine Sanftheit: Angst und Liebe, Zärtlichkeit und Tränen fließen ineinander. Das Gute und das Böse werden eins.

Bataille 1981

Was für ein aufwühlender Text! Welche Abgründe lauern auch in der Liebe!

Hier spätestens müssen wir uns mit der aktuellen Thematik „Dominanz und Unterwerfung" befassen, die in Literatur und Filmen zu beobachten ist: in den Achtzigern die „Skandalromane" und Filme *Geschichte der O* und *Rückkehr nach Roissy*, von Pauline Réage; von Erica Jong (*Angst vorm Fliegen, Sappho*, u.a.), von Charlotte Roche (*Feuchtgebiete, Schoßgebete*) und jetzt der Bestseller von E. L. James *Shades of Grey*. Fast alle sind Werke von Frauen für Frauen.

Warum? M. L. Möller wies bereits darauf hin, dass bei anonymen Befragungen viele Frauen von Fantasien über Gewalt bzw. Sex mit mehreren Männern („Gang Bangs") berichten. Auch in Internet-Foren, Ratgebern usw., äußern sich Frauen ähnlich.

Natürlich sind sich alle einig, dass es nicht um reale Wünsche geht, sondern um Sehnsucht nach bedingungsloser Hingabe und männlicher Dominanz (und wir vermuten, dahinter nach der evolutionär und archetypisch vorgegebenen Asymmetrie der Geschlechter). Diese Fantasien (die bei Männern vice versa auch anzutreffen sind) vertragen sich sehr wohl mit der gesellschaftlichen Errungenschaft der Gleichberechtigung, sind sogar eine wichtige Ergänzung – unabhängig von der SM-Szene.

Dies ist wohl ein Beispiel für eine gut integrierte Schatten-Thematik, die sich, wenn verleugnet, destruktiv auswirken kann. So hörte man schon seit den Achtzigern von Frauen der Spruch: *Lieber einen saftigen Macho als einen matschigen Softie!* Im Partnerschafts-Alltag aber gibt es oft anstelle dieses lustvollen Spiels von Dominanz und Hingabe indirekte Formen der Machtausübung, z. B.:

- Überversorgung und Infantilisierung des Partners
- konkrete oder indirekte „Erziehungsmaßnahmen" (Ich will doch nur dein Bestes ...)
- passiv-aggressive Anpassung und Verursachen von Schuldgefühlen
- Verheimlichen von eigenen Gefühlen und Erwartungen
- Rückzug, Liebesentzug, Ausweichen, v.a. vor Auseinandersetzung
- Argumentieren, wo eine Gefühlsäußerung am Platz wäre
- Affektentladung, wo ein vernünftiges Nachdenken am Platz wäre
- Interpretieren des Verhaltens des andern nach eigenen Vorstellungen usw.

Wenn man solche Strategien der Kontrolle und Beeinflussung mit einbezieht, besteht bei eingespielten Paaren meist ein Gleichgewicht der Kräfte (oder des Schreckens), das in Paartherapien nicht leicht anzugehen ist.

Filmszene aus dem Film Die Geschichte der O

2. Ordnung und Unordnung

2.1. Bewusstseinsentwicklung

Gottvater, ich habe ein Problem!
Was für ein Problem, Eva?
Ich weiß, Herr, du hast mich erschaffen, und auch diesen wundervollen Garten mit all den herrlichen Pflanzen und Tieren – einschließlich dieser frechen und pfiffigen Schlange – aber ich bin trotzdem nicht glücklich!
Ja – warum ist das so?
Herr, ich fühle mich einsam – und ich hab genug von Äpfeln!
Gut, Eva, in diesem Fall habe ich eine Lösung: Ich werde einen Mann für dich erschaffen!
Was ist ein „Mann", Herr?
Das wird ein ziemlich unvollkommenes Geschöpf sein, mit aggressiven Neigungen, einem enormen Ego, einer Unfähigkeit, sich in andere einzufühlen oder dir angemessen zuzuhören. Du wirst es mit ihm schwer haben. Er wird größer, schneller und muskulöser sein als du. Er wird gut sein im Kämpfen, Ballkicken und Jagen.

Und er wird gut sein für die Fortpflanzung!
Mit all dem werde ich wohl zurechtkommen können!
Jaja, er wird wohl besser sein als gar nichts… Aber da gibt es noch eine Bedingung!
Was für eine, o Herr?
Du musst ihn glauben machen, dass ich ihn zuerst erschaffen hätte!

Tom Norris

Erst als der Cro Magnon vor 12000 Jahren wegen Klimaverschiebungen und Mangel an Großtieren sesshaft wurde, begann mit Ackerbau und Viehzucht das Matriarchat und seit ca. 5000 Jahren mit Beginn der großen Städtekulturen das Patriarchat. Exemplarisch dafür sind Mythen, in denen männliche Helden Muttergottheiten töten oder vertreiben, so Marduk Inanna, Apoll die Python in Delphi (an die nur noch die „Pythia" erinnert) und andere. Unsere Paradiesgeschichte ist ein Hinweis auf die einseitige patriarchale Geschichtsschreibung. In der christlichen Religion ist die göttliche Trias, die sonst gemischt-geschlechtlich war, ein reiner Männerclub.

Wie Erich Neumann in seinem Buch *Tiefenpsychologie und neue Ethik* ausführt, wurde mit der Bewusstseinsentwicklung die Natur, das Unbewusste und damit auch das Weibliche und das Unberechenbare immer mehr unterdrückt. Wenn wir mit etwas einverstanden sind, sagen wir: „In Ordnung!" So entstand seit langem eine Asymmetrie.

Aber aus der Tiefenpsychologie wissen wir, dass sich das Unterdrückte (nicht die „minderwertige", sondern die „weniger differenzierte" Funktion!) früher oder später rächt. So geht es auch mit unseren irrationalen, „chaotischen" Anteilen und Tendenzen, die uns immer wieder einholen. Ein alter Freund sagte mir einmal: „Ich habe im Leben viel erreicht, aber in zwei Bereichen bin ich gescheitert: bei den beiden großen „F": Frauen und Finanzen."

Offenbar holt uns in der Liebe das lange unterdrückte Chaos wieder ein – als ob sich Freuds Diktum *Wo Es war, soll Ich werden* in der Erotik wieder umkehren würde. Denn was zur Eroberung des gesamten Planeten bislang sehr wirksam war, scheint für die Liebe nicht geeignet zu sein.

Hier müssen wir offenbar von Effizienz und Rationalität wieder wegkommen. Wenn man mit der oder dem Geliebten eine wunderbare Nacht verbringt, kann man die Unberechenbarkeit genießen – im täglichen Zusammenleben macht sie uns Angst.

Deshalb versuchen wir, so viel wie möglich zu planen und zu kontrollieren. Aber diese Kontrolle war leider seit mindestens 5000 Jahren mit der Unterdrückung des Weiblichen und des Archetyps der Großen Mutter verbunden, von der Entrechtung der Frauen Athens über Hexenverfolgungen und Entwicklung von Naturwissenschaft und Technik bis hin zur heutigen rücksichtslosen Ausbeutung und Zerstörung der Erde, von Mutter Natur.

Dass die apollinische Rationalität und Effizienz im Privaten nicht funktioniert, liegt z.T. an einem anderen Entwicklungsstrang der Aufklärung: die Idee der Individualität, der persönlichen Freiheit und Entfaltung – bis hin zur Gleichberechtigung der Geschlechter. Heute führen also die beiden wichtigsten Resultate der Aufklärung (Trennung von Privatleben und Arbeit sowie Postulat der Gleichberechtigung) zu einem krassen Widerspruch, der in jeder Partnerschaft – also individuell – ausgetragen wird, mit Konflikten, Privatlösungen oder Scheitern. Wer unterbricht seine Ausbildung beim ersten Kind? In welche Stadt soll man ziehen – welches Stellenangebot annehmen, das für den Mann oder das für die Frau? Usw.

Also: Entweder der Arbeitnehmer ist Single, oder er braucht einen zweiten Menschen, der von ihm abhängig ist.

2.2. Fluchtburg Liebe

Aufklärung und Industrialisierung haben noch eine andere fundamentale Entwicklung in Gang gesetzt: die Säkularisierung, also die Hinwendung zum Materiellen, Rationalen, Machbaren – der Sieg der Denkfunktion über die Fühlfunktion und der Empfindungsfunktion über die Intuition. Damit wurden ganz wesentlichen Bedürfnissen und seelischen Bereichen des Menschen die Grundlagen entzogen: Fast alle naturhaften und spirituellen, viele ethische und soziale Komponenten unseres Seelenlebens haben die Verbindung zu unserem Urgrund verloren.

Der Gefühlsbereich hat in der heutigen Konkurrenz- und Zweck-Gesellschaft kaum noch Platz. Aber wohin mit den verdrängten und sublimierten Trieben, Affekten, irrationalen Fantasien und Sehnsüchten? Wir ahnen es schon – in die Liebe.

Die Liebe und Erotik sind also sowohl von Widersprüchen des Zeitgeistes als auch von Bedürfnissen nach Geborgenheit, Gefühl und Sinn überfrachtet. Vielleicht deshalb haben wir seit 150 Jahren als Idealvorstellung die „romantische Liebe" – am besten mit Dauergarantie und Rückgaberecht. Aber mit allen Versuchen, die Liebe mit ihren wechselseitigen Rechten und Pflichten zu reglementieren, bis zum Vorausplanen möglicher Trennungen, erreicht man eher das Gegenteil. (*Drum prüfe, was sich ewig bindet, ob sich mal Geld zur Scheidung findet …!*)

Beide Geschlechter richten aufeinander Erlösungs-Hoffnungen: So sucht z. B. der Mann in der Frau sowohl die Ekstase als auch die (oft zu wenig erlebte) mütterliche Geborgenheit. Und die Frau sucht im Mann einerseits den Retter, der ihre Wunde des Vater-Mangels und der vermissten Anerkennung als weibliches Wesen heilt, andererseits merkt sie, dass sie ihn dazu wie einen Sohn noch einem *Nacherziehungsprogramm* (Alan Guggenbühl) unterziehen muss, das wiederum seine Ängste vor der Mutter-Gouvernante schürt.

Die Frau hatte meist zu wenig Vater (und wenn, eher einen Vater, der sie mehr als Kumpel und Gesprächspartner anerkannte) und sucht diesen Mangel beim Partner auszugleichen, der sie jetzt auf der Gefühlsebene verstehen soll. Der Mann hatte oft zu viel Mutter und hält sich die Frau mit ihren hohen Erwartungen vom Leibe. Der Teufelskreis ist geschlossen. Sie erdrückt ihn, er verdrückt sich (vgl. Mary 1991).

Aber beide sind unglücklich damit. Immer wieder geraten alle an das Problem: Alte Rollenbilder und typische Anima-/Animus-Projektionen stehen im Kontrast zu einer neuen Beliebigkeit, einer Orientierungslosigkeit, die für viele kaum Freiheit, sondern eher Überforderung und Depression bedeutet (vgl. Ehrenberg 2008).

Auch hier wäre eine der Ursachen dafür zu sehen, dass sich mehr Menschen in Sekten und Fundamentalismen flüchten und auffallend viele Frauen im Islam eine Heimat und mit dem Kopftuch auch klarere Regeln finden.

Für andere, die diese „Flucht in die Gewissheit" nicht antreten, ist der letzte Hort von Orientierung, Geborgenheit und Sinnfindung die Liebe – die mit diesen Erwartungen heillos überfrachtet ist (vgl. Beck, Beck-Gernsheim 1991).

Gibt es also nur noch Erstarrung in alten Mustern, den Teufelskreis des Machtkampfes oder das destruktive Chaos?

3. Dynamik der Polaritäten
Solange wir uns des Partners noch nicht sicher sind, besteht die Sexualität vor allem aus spannenden, punktuellen Begegnungen, die natürlich neben unseren Sehnsüchten vor allem von Trieben und den Sexualhormonen Testosteron und Östrogen getragen sind. Für das Erleben echter Geborgenheit ist dann das Hormon Oxytocin zuständig, das uns – ob Mutter und Kind oder Partner – fähig macht zu langfristigen Bindungen. In diesen lernen wir nach und nach, unsere Gegensätzlichkeit als Ergänzung zu erleben. Aber eins nach dem andern. Wir sind ja noch im Garten.

Hier ist der Eros getragen von Gaia, der Mutter Natur – aber auch gefährdet durch Belastungen, Störungen aus der Kindheit. Unsere Geschlechts-Identität, die Entwicklung von Animus und Anima, erleben auf dieser Bühne nun ihre erste Bewährungsprobe: Wie sicher bin ich meiner selbst? Wie erlebe ich das andere Geschlecht?

Das dynamische Chaos lauert in der Unberechenbarkeit jeder Begegnung. Manche halten diese Phase lange aus und machen immer neue Versuche, andere bleiben im Schneckenhaus, und eine dritte Gruppe legt sich bald fest, um ins „Haus der Liebe" zu kommen: Hier erhoffen sie sich Sicherheit. Aber wenn das Haus der Liebe kein Gefängnis werden soll, bietet es auch keine Verlässlichkeit, wie wir sehen werden.

Deshalb wenden wir uns nun dem Dritten zu: Denn zwischen der Unsicherheit und der Sicherheit liegt die Dynamik, die beide verbindet.

3.1. Der Weg in die „Paradoxien"
In diesem „Dritten" kommen Dynamik und Selbstregulationskräfte eines Systems besser zum Tragen: Wir kehren zurück zum Ursprung und gehen wieder bei der Natur in die Lehre. Zunächst gilt es, aus dem eindimensionalen Denkmuster des „entweder oder" und des „mehr oder weniger" herauszukommen. Der Jungianer und Finanzfachmann Bernard Lietaer (2000) schreibt:

Der moderne Mensch neigt dazu, Paradoxa in geradezu apollinischem Ausmaß abzulehnen. Doch die eigentliche Lektion ist vielleicht die, dass wir den Umgang mit Widersprüchen lernen müssen, anstatt sie rundweg abzulehnen.

Es gibt auch ein gutes Beispiel aus der Physik: Außer Eis und Dampf gibt es noch etwas Drittes, das aber nicht eine Mischung aus den beiden ist, sondern etwas Neues, nämlich das flüssige Wasser (in dem das Leben auf der Erde entstand!). Dieses Neue oder Dritte müssen wir außerhalb der Linie zwischen Ordnung und Unordnung platzieren. Dadurch entsteht ein Dreieck.

Der Chaosforscher James Yorke 1975 hat dieser Dynamik – bzw. der erwähnten **Theorie nichtlinearer dynamischer Systeme** – den Namen *Chaos* gegeben und dadurch die Chaosforschung auch beim Laienpublikum berühmt gemacht. Denn das Chaos übt neben seiner Bedrohung auch eine heimliche Faszination auf uns aus – wir alle wissen längst, dass die Welt nicht so ordentlich ist, wie die Wissenschaftler es gerne hätten – wir kämpfen ja tagtäglich mit dem Chaos.

Und es erfüllt uns mit Genugtuung, dass sich die „ordentliche" Wissenschaft jetzt auch endlich herablässt, sich mit diesem verwirrenden Bereich zu befassen. Umso schöner, wenn man weiß, dass das Wort Chaos vom griechischen „chaíno", d.h. „ich gähne", stammt – was unser aller undifferenzierten Urgrund meint.

Die wichtigste Unterscheidung, die uns die Systemwissenschaften beschert haben, ist die zwischen den Rahmenbedingungen eines Systems, den sog. Parametern, und der innerhalb dieses Rahmens sich entfaltenden Selbstorganisation. Sie besteht darin, dass das System ohne Einwirkungen von außen auf sich selbst zurückwirken kann. Genau dieses Prinzip wird immer wieder missachtet, in Firmen, Familien usw.

Aber die gute Botschaft der Chaosforschung ist dennoch: Wenn die Parameter gut gewählt sind, kann man dieser Selbstorganisation getrost vertrauen. Und falls wir noch klammheimlich die Hoffnung hegten, der Mensch werde nach und nach auch das Chaos in den Griff bekommen, dann wären wir wieder in die Falle unserer eigenen alten Muster getappt!

Es hilft nichts: Wir müssen, wie A. v. Raffay empfiehlt, dem dynamischen Chaos vertrauen

Pierre Auguste Cot (1837-1883): Der Frühling, Appleton Museum of Art, Ocala, Florida (www.wikimedia.org)

und die schöne geregelte Welt verlassen, in der ein System entweder wie eine Maschine funktioniert, aber fremdgesteuert ist, oder wo – wie bei den Gasmolekülen – alles drunter und drüber geht und nichts vorhersagbar ist. Leider halten viele diese Unsicherheit in Beziehungen nicht aus und flüchten (vgl. Gleick 1990).

3.2. Chaos in der Partnerschaft?

Am höchsten Punkt des Tages beginnt der Sonne Niedergang, und am dunkelsten Punkt der Nacht der Anbruch des Tages.

Laotse

Schon durch das Älterwerden kann sich im Zusammenleben einiges ändern, nicht nur in der Erotik. Aber es gibt auch Irritationen von außen. C. G. Jung hat uns in der Wandlungs-Symbolik eine große Hilfe gegeben, wie wir uns menschliche und zwischenmenschliche Krisen vorstellen und uns ihnen anheimgeben können – im Vertrauen darauf, dass in ihnen etwas Neues entsteht, auch wenn wir noch nicht wissen was. In der Chaosforschung nennt man diese Wandlung einen *Ordnungs-Ordnungs-Übergang* durch eine sog. *Kritische Instabilität* (physikalisch: Turbulenz).

Ändern sich die Rahmenbedingungen eines Systems (ein „ambulantes" Paar zieht zusammen, Tod eines Elternteils, Kinder kommen oder gehen wieder usw.) kommen viele Paare in eine Krise. Und hier wird es eine Herausforderung, trotz widriger Umstände möglichst lang der selbstorganisierenden Kraft des Systems zu vertrauen - vielleicht im Schutz einer Paartherapie? Reine Sexualtherapien sind meist nicht ausreichend, weil die Sexualität ja fast immer nur die „Spitze eines Eisberges" ist.

3.3. Unterschiedliche Erwartungen
Die idealen Rahmenbedingungen der Liebe sind offenbar evolutionär bedingt für Frauen und Männer verschieden: Die Frauen benötigen für die Aufzucht der Brut ein sicheres Umfeld: Männer, die zu ihnen stehen und zuverlässig Proteine heranschaffen. Die Männer brauchen für ihre Jagd- und Raubzüge ein sicheres familiäres Rückzugsgebiet, wo sie außer Kohlenhydraten auch Geborgenheit und Ruhe bekommen, um sich wieder für den Lebenskampf zu stärken (weniger lange Gespräche über Gefühle).

Wie man sieht, passen diese Wunsch-Parameter nicht gut zusammen. Die Sicherheit, die Frauen immer wieder erfragen, um zu wissen „woran sie sind" beim Partner, kann dieser oft (noch) nicht geben, weil er etwa gar nicht versteht, was die Frau eigentlich will – er kümmert sich doch um alles, oder? Wieso wirft sie ihm dann Beziehungs-Unfähigkeit vor? Und die ersehnte heimische Stabilität bekommt er auch nicht mehr kostenlos, weil die Frau wieder arbeiten gehen, ihm einen Teil der Kinder-

betreuung überlassen und einen Kurs in Kommunikationstraining machen will. ... Wie sollen wir unter diesen Umständen zu gemeinsamen Parametern kommen, die uns aus Dauerstreit oder Sprachlosigkeit erlösen?

3.4. Der *Motor* des Lebens
Was können wir angesichts dieser fundamentalen Unterschiede der Erwartungen von Venus und Mars überhaupt noch tun? In sehr vielen Kulturen der Weltgeschichte, auch noch heute, außer in Europa und Nordamerika, haben Frauen und Männer getrennte Lebensbereiche, sie treffen sich zum Essen, Arbeiten und Schlafen. Erst seit der Romantik haben wir in den reichen Industrienationen ein Experiment begonnen, das man Zusammenleben der Geschlechter nennen könnte (eine Lebensform, die m. E. prozentual den Frauen mehr liegt als den Männern).

Sollten wir also vielleicht dieses Experiment wieder aufgeben? Männer ins Büro und an die Werkbank, Frauen an den Herd und an die Wiege? Oder gibt es eine Chance, auch inhaltlich mehr miteinander anzufangen, im alltäglichen Chaos der Liebe?

Für lebendige Erotik und länger andauernde Liebe, ohne die klassischen Rollen und ohne ständige Machtkämpfe, sehe ich nur eine Chance, nämlich sich innerhalb von halbwegs gut definierten Bedingungen dem dynamischen Chaos zu überlassen. Die Natur liebt weder Eintönigkeit und Determiniertheit noch völligen Zufall. Das ist das Grundprinzip der Evolution, eine Integration von Freiheit und Sicherheit, von Kontinuität und Diskontinuität.

Diese Integration gelingt nur, wenn das Prinzip der Selbstorganisation gewahrt ist: Das Paar-System kann innerhalb definierter Grenzen auf sich selbst zurückwirken, die komplementären Kräfte sind nicht durch äußere Kontrollfaktoren (oder durch Abhängigkeit, Traumatisierung oder Angstabwehr eines Partners) am freien Spiel gehindert. Wenn, wie oft, Distanzierung oder Grabenkrieg einen Dialog verhindern, wird vielleicht das Überleben der Partnerschaft gesichert, aber der Motor des Lebens steht still.

sexualität

4. Die Botschaft des Chaos: Prinzip Begegnung

Also was tun, wenn man sich miteinander in einer Sackgasse befindet? Da gibt es keine Rezepte. Vielleicht bringt das, was wir bis jetzt erarbeitet haben, den einen oder die andere zum Nachdenken und Nachfühlen. Die wichtigsten Fragen müssen wir uns selbst stellen – und wenn wir nicht gleich eine Antwort wissen, dann müssen wir eben die Unsicherheit der unbeantworteten Frage erleiden oder, wie Rilke schrieb, in die Fragen hineinleben. Das fordert Aufgabe künstlicher Sicherheiten und Illusionen.

Da die zu hohen Erwartungen an die Liebe eine Quelle von Enttäuschung sind, müssen wir jetzt den Blick für eigene Ängste und Kontrollbedürfnisse und für die realen Unterschiede zwischen uns schärfen, die ein bisschen mehr akzeptiert werden wollen. Der andere ist anders, deshalb heißt er so. Bei manchen Problemen besteht die Lösung der Aufgabe in der Aufgabe der Lösung!

Vielleicht muss ich nun endlich ernsthaft Trauerarbeit leisten, dass der Partner nicht meinen Idealvorstellungen entspricht und auch nicht durch die besten Erziehungsbemühungen dahin zu bringen ist. Andererseits brauche ich ihn nicht so zu schonen, sondern kann mich ihm mehr zumuten – mit all meinen Gefühlen und Wünschen, auch wenn er meine mitgebrachten Mangelzustände nicht aufheben kann. Vielleicht kann ich durch diese Aufgabe individueller, erwachsener, sogar beziehungsfähiger werden?

Und dafür sind die Voraussetzungen heute besser denn je! Aber natürlich braucht man dazu Risikobereitschaft – und auch eine Art Urvertrauen in die Liebe. Ich kann es aber schließlich nur paradox ausdrücken: die Bereitschaft, auf Gedeih und Verderb beim andern zu bleiben und die Bereitschaft, sich zu trennen, wenn die eigene Würde und das seelisches Überleben es erfordern. Innerhalb der Beziehung bleibt es wichtig, sich phasenweise gegenseitig loszulassen, eigene Wege zu gehen – dann bringt jeder Partner etwas aus seinem Eigenleben mit und man kann sich wieder auf bereichernde und lustvolle Weise neu begegnen. Aber oft gelingt das nur durch das Ertragen einer Krise. Und hier finden wir eine der beeindruckendsten Parallelen zwischen der Analytischen Psychologie und der Chaosforschung: Jung nennt diese Art von Krise Wandlung (s.o.).

Mein Vorschussvertrauen ins dynamische Chaos erträgt die Unvorhersehbarkeit einer echten Begegnung. Und indem ich dabei meine eigene Begrenztheit und die des andern anerkenne, ist vielleicht erst die Basis geschaffen, mich und ihn in dieser Begrenztheit zu verstehen und zu lieben. Und so wie die Betrachtung meiner selbst kann auch die Begegnung mit dem anders-seienden Andern für mich zum Sinnerlebnis werden, wie Martin Buber sagt. Alles wirkliche Leben ist Begegnung. Und das heißt, der andere ist nicht mehr Gegenstand oder Gegner, sondern Gegenüber.

Wenn ich mitsamt meiner Verletzlichkeit und schützenswerten Würde immer wieder in der Begegnung das Ja zum anderen und das Nein wage, bin ich im Lebensnerv der Liebe. Und immer wieder erwächst aus einer solchen Begegnung etwas Neues, etwas Drittes, ein eigenständiges Beziehungs-Wesen, das ebenso lebendig, pflegebedürftig und unvorhersehbar ist wie jedes Einzelwesen. Liebe ist die Quadratur des Kreises und das Kind der inneren Freiheit.

Das Leben lieben und die Liebe leben – das gehört zusammen.

Literatur

Alberoni, F. (1987): EROTIK. Weibliche Erotik, männliche Erotik - was ist das? München

Allmann, W. F. (1996): Mammutjäger in der Metro. Heidelberg: Spektrum Verlag

Bateson, G. (1981): Ökologie des Geistes. Frankfurt a. M.: Suhrkamp

Bataille, G. (1981): Die Tränen des Eros. München: Matthes und Seitz

Beck, U. & Beck-Gernsheim, E. (1990): Das ganz normale Chaos der Liebe. Frankfurt

Bertalanfey, L. v. (1/1949): General System Theory. Biologia Generalis

Briggs, J. & Peat, D. (1993): Die Entdeckung des Chaos. München: dtv

Ehrenberg, A. (2008): Das erschöpfte Selbst. Frankfurt a. M.: Suhrkamp

Gleick, J. (1990): Chaos - die Ordnung des Universums. München: Knaur

sexualität

Haken, H. (1990): Erfolgsgeheimnisse der Natur – Synergetik. Frankfurt: Ullstein

Heinzel, R. (2008): Die Wiederentdeckung der Zuversicht. München: Kösel

Jantsch, E. (1984): Die Selbstorganisation des Universums. München: dtv

Jung, C. G. (1976): Gesammelte Werke. Olten: Walter
Lietaer, B. A. (2000): Mysterium Geld, Emotionale Bedeutung und Wirkungsweise eines Tabus. Mönchengladbach: Riemann

Mary, M. (1991): Schluss mit dem Beziehungskrampf. Stuttgart: Kreuz

Moeller, M. L. (1990): Die Liebe ist das Kind der Freiheit. Hamburg: rororo

Neumann, E. (1985): Tiefenpsychologie und neue Ethik. Frankfurt: Fischer

Neumann, E. (1983): Die Große Mutter. Olten: Walter

Nidiaye, S. (1990): Liebe ist mehr als ein Gefühl. München: Ariston

Réage, P. (1967): Geschichte der O. Darmstadt: Melzer

Raffay, A. v. (1990): Abschied vom Helden. Das Ende einer Faszination. Olten: Walter

Reichholf, J. (2010, 8. Aufl.): Das Rätsel der Menschwerdung. München: dtv

Schellenbaum M. P. (1993): Das Nein in der Liebe: Abgrenzung und Hingabe in der erotischen Beziehung. München: dtv

Yorke, J., Alligood, K.T., Sauer, T. (1997): Chaos. An introduction to dynamical systems. Springer

Roland Heinzel
Dr. med. Dipl.-Psych., Facharzt für Neurologie, Psychiatrie und Psychosomatische Medizin, Psychoanalyse, Gruppentherapie, Bioenergetische Analyse, Supervision.

Sahasrara (über dem Kopf):
Erleuchtung, transzendente Erfahrungen

Ajna (Stirn, zwischen den Augenbrauen, das „dritte Auge"): höhere psychische Fähigkeiten und Bewusstseinszustände

Visuddha (Kehlkopf, Hals): Gedanken, Sprache, Kommunikation

Anahata (Herz): Liebe, Mitgefühl, Einfühlung, Zuneigung.

Manipura (Bauchregion): Bedürfnisse und Affekte wie z. B. Haben, Besitzen, Macht, Gier, Wut.

Svadhisthana (Genitalien): Sexualität

Muladhara (unterer Pol, Wirbelsäule): Erde, Materie, Welt, Lebensenergie

Die Abbildung (Fotolia, Dirk Czarnota. ohne Text) verbindet das Kundalini-Chakren-System mit dem geflügelten Stab (Caduceus) des Hermes-Mercurius.

Im Kundalini-Yoga stellt man sich vor, dass in jedem Menschen ein psychisches Potenzial schlummere, das zunächst in den Chakren nur latent und unbewusst vorhanden sei. Im „unerweckten" Zustand symbolisiere sich diese kosmische Lebensenergie als Schlange, die zusammengerollt am unteren Ende der Wirbelsäule, dem niedrigsten „Chakra" (Sanskrit: Kreis), liege.

Durch meditative Übungen konzentriert sich der Übende, von unten nach oben vorgehend, auf die einzelnen Chakren und vergegenwärtigt sie sich körperlich. Dadurch werde die „Schlangenkraft" aktiviert. Ihre feurige Energie belebe die Chakren mit neuer Kraft und beseitige alle „Schlacken" und „Unreinheiten", die einem vollständigen Funktionieren und einer völligen „Entfaltung" der „Blüten" der Chakren im Wege stehen. Die Schlangenenergie vereinige sich schließlich mit dem höchsten spirituellen Bewusstsein im obersten Chakra, wodurch es zur Erleuchtung komme. Zu dieser Vorstellung gibt es Parallelen in der jüdischen Kabbala und der mittelalterlichen Alchemie.

C. G. Jung hat in einem Seminar 1936 versucht, entsprechende symbolische Beziehungen zwischen dem Kundalini-Yoga, dem Chakren-System und dem Individuationsprozess aufzuzeigen.

Von Pia's Pipimaus und dem fliegenden Penis

Psychosexuelle Entwicklung im Spiegel der Kinderpsychotherapie

Annette Kuptz-Klimpel

Kinder werden ständig und bereits im frühen Alter mit sexuellen Bildern und Themen konfrontiert. Medien aller Art vom Bilderbuch über das Fernsehen, Computer und Internet bis zum Video auf dem Handy haben einen zentralen Stellenwert in ihrem Alltagsleben erobert.

Sexuelle Sozialisation im 21. Jahrhundert

Die Medien in Form von Büchern, Filmen und Zeitschriften sind schon lange bedeutsame, zugleich zwiespältig erlebte Sozialisationsinstanzen. Mehr denn je beeinflussen sie inzwischen auch die sexuelle Sozialisation.

Die Flut an medialen Informationen führt jedoch nur teilweise zu einer altersgerechten Aufklärung und zu einer positiven Entwicklung der Sexualität, denn: Wo finden Kinder Möglichkeiten, über die vielen, zum Teil verwirrenden Eindrücke bezüglich der Entwicklung ihres Körpers und der Sexualität zu sprechen oder sich im Spiel auszudrücken? Und wie können die Erwachsenen die Möglichkeiten und Gefahren der Bilderflut für die Entwicklung der jungen Menschen einschätzen und verstehen?

In der analytischen Therapie entsteht häufig Raum für Erfahrungen und Gefühle der Kinder und Jugendlichen, die mit der sexuellen Entwicklung und dem Aufbau der Geschlechtsidentität verbunden sind. Im Folgenden sollen deshalb einige Fragen aufgegriffen werden, die uns in der psychosexuellen Entwicklung von Kindern begegnen und die auch in der Entwicklungspsychologie seit Freud beschrieben werden. Und es sollen einige Szenen aus Therapien dargestellt werden, die veranschaulichen, wie Kinder ihre Fragen zur sexuellen Entwicklung und der Entwicklung der Geschlechtsidentität uns Erwachsenen gegenüber thematisieren und wie sie uns darüber „ins Bild" setzen.

1. Der kleine Unterschied: Pipimax und Pipimaus

Hat Pia einen Pipimax?, so lautet der Titel eines zeitgenössischen originellen französischen Bilderbuchs in deutscher Übersetzung, und das Buch steht für die gelungene Präsentation eines schon von Freud als zentral beschriebenen Aspektes der (kindlichen) Sexualität über das Medium Buch.

Im Bilderbuch ist Paul die Hauptfigur. Bisher hat er die Welt in die *mit-Penis* und die *ohne-Penis* unterteilt. Dann bekommt er eine neue Mitschülerin, das Mädchen Pia. Pia ist stark und weist eher jungenhaft orientierte Interessen auf: Statt Blümchen malt sie ein Mammut mit Rüssel, sie fährt ein Jungenfahrrad und spielt Fußball. So kommt Paul ins Grübeln. Sicher hat Pia, eine *ohne Pipimax*, einen *Pipimax* so wie er. Im weiteren Verlauf des Buchs stellt er seine heimlichen Nachforschungen auf der Suche nach dem kleinen Unterschied an.

Das Buch hat die ermutigende Botschaft, dass Mädchen nicht „keinen Penis" haben, also gegenüber den Jungen schlechter ausgestattet sind, sondern über etwas Eigenes,

„Du ... du hast gar keinen Pipimax?!" stottert er. Pia schaut erstaunt an ihrem Bauch herunter. „Nö ... ich hab eine Pipimaus."

Lenain, T. / Durand, D.: Hat Pia einen Pipimax? 2002

dem Penis Gleichgestelltes, verfügen, nämlich die *Pipimaus*. Das längst überholt geglaubte Freudsche Konzept des Penisneides und die symbolische Auffassung des Phallus im Allgemeinen klingen hier an und finden eine Jungen und Mädchen gleichermaßen respektierende zeitgemäße Deutung.

Leider ist mir kein anderes Bilderbuch für Kinder bekannt, in dem es um die weibliche Vulva und die damit verbundenen positiven Fantasien geht. Außer in Zusammenhang mit Zeugung und Geburt ist das Thema offenbar bisher viel stärker tabuisiert als das des Penis.

Die Frage nach der männlichen und weiblichen Geschlechtsidentität und Sexualneugier gehören ins Kindesalter, darüber sind sich die Entwicklungspsychologen einig. Einig sind sie sich auch darüber, dass Freuds psychosexuelles Triebkonzept und seine Bedeutung für die psychische Entwicklung des Menschen heute anders aufgefasst werden muss, als Freud das tat: Freuds Konzept des Penisneids und das der Kastrationsangst sowie der später in der Frauenbewegung entwickelten Vorstellung des Gebärneids können aus der heutigen Sicht nur noch als Entwicklungsmetaphern verstanden werden, genauso wie die Symbolik des Phallus und der Scheide nicht konkretistisch gedeutet werden darf.

1.1 Jungen sind anders und Mädchen auch!

Die fünfeinhalbjährige V. war bei mir in einer Psychotherapie u.a. wegen massiver Eifersucht auf ihren jüngeren Bruder.

V. machte immer wieder Rollenspiele mit zwei Babypuppen, die mit Penis bzw. Scheide ausgestattet sind. Jeder von uns beobachtete heimlich den anderen durch den Türschlitz der Toilette (gebaut aus Decken und Polstern) beim Pinkeln. Und V. bestand anfangs darauf, dass Mädchen und Junge den jeweils anderen und vor allem sein Geschlecht auszulachen hatte. Mal wurde der Puppen-Junge vom Puppen-Mädchen angeschaut, mal umgekehrt.

Die Therapeutin hatte dann später in ihrer Rolle mit der Mädchen-Puppe die Toilettentüre zuzumachen, damit der Junge nicht schauen könne. Dies konnte u.a. verstanden werden als erster Versuch der Autonomie des Mädchen gegenüber dem Bruder und als ein Zeichen dafür, dass das Mädchen erkennt, dass es da auch etwas hat, etwas Anderes nämlich. Dieses Andere ist verborgener, zugleich vielleicht umso aufregender.

V. beschäftigte sich überhaupt sehr gerne mit dem Penis, malte Bilder, äußerte Fantasien, den Penis anzufassen, ihn mit der Hand erspüren oder ihn verletzen (drücken) zu wollen. Einerseits umkreiste V. mit diesen Darstellungen die Auseinandersetzung mit ihrer Geschlechtsrolle und -identität, andererseits brachte sie damit auch Neid und aggressive Gefühle gegenüber ihrem vermeintlich besser ausgestatteten und von den Großeltern bevorzugten Bruder zum Ausdruck.

Das Motiv des Penisneides ist unschwer zu erkennen und hier sehr deutlich als Bild für die Bevorzugung, die der Bruder genießt. Tatsächlich ist in vielen Fällen aufgrund entsprechender Äußerungen beobachtbar, dass Mädchen den Penis des Jungen zunächst als eine ihnen nicht zukommende Besonderheit ansehen, die sie in Verbindung mit den Privilegien

Dr. Heinrich Hoffmann
Der Struwwlepeter. 1844

Bauz! Da geht die Türe auf
Und herein in schnellem Lauf
Springt der Schneider in die Stub'
Zu dem Daumen-Lutscher-Bub.
Weh ! Jetzt geht es klipp und klapp
Mit der Scher' die Daumen ab,
Mit der großen scharfen Scher'!
Hei ! Da schreit der Konrad sehr.

des Jungen und Mannes in einer immer noch patriarchal geprägten Gesellschaft beobachten. Das ist vom kindlichen Denken V.s her nachvollziehbar, denn vergleicht sie den Körper des Bruder und den eigenen, wird ihr deutlich, dass da ein Organ außen am Körper ist, das sie bei sich erst einmal nicht sieht.

1.2 Penis und Scheide sind anders

Penis/Phallus und Scheide/Schoß sind bis heute tabuisierte Symbole dessen, was Menschen als weiblich und männlich und als körperliche Entsprechung für das Geheimnis des Lebens erleben.

Der Penis/Phallus ist *seit Urzeiten ein Faszinosum und ein Symbol für die aktive, sichtbare Schöpferkraft* des Menschen. Er *strebt danach, in ein unbekanntes Reich einzudringen* (vgl. Stein 1981, S. 137).

Der weibliche Geist des Schoßes hingegen verlange danach aufzunehmen, zu umfangen, das Leben hervorzubringen (vgl. ebd. S. 137)

V. stellte mit ihren Fantasien und Spielen Fragen zur Aufklärung über Körper und Genitalien ebenso wie über das faszinierend-aufregende und erregende Thema der Sexualität überhaupt. Mit Hilfe von Aufklärungsbüchern wurde ihr deutlich, dass beide Geschlechter wichtig sind, dass die Geschlechtsteile gut zusammenpassen, sowohl für die geschlechtliche Liebe wie für die Zeugung eines Kindes und auch, dass die Scheide eigentlich größer

sein müsse, als der Penis, da sie diesen ja in sich aufnehmen könne.

Zugleich entwickelte sie wiederkehrende Rollenspiele, in denen sowohl betrauert werden musste, dass Mädchen keinen Penis haben, wie auch, dass Jungen keine Kinder bekommen können.

1.3 Der fliegende Penis

Jungen andererseits können Angst bekommen, den Penis wieder zu verlieren. Ein Beispiel für die von Freud beschriebene Kastrationsangst findet sich im *Struwwelpeter.* Die Mutter ermahnt Konrad:

Und vor allem Konrad, hör!
Lutsche nicht am Daumen mehr;
Denn der Schneider mit der Scher'
Kommt sonst ganz geschwind daher,
Und die Daumen schneidet er
Ab, als ob Papier es wär'.

Zweierlei ist erschreckend an dieser Szene: Da ist zum einen die Androhung der schweren Verstümmelung des Jungen und damit verbunden das Abschneiden seiner Möglichkeit, sich regressiv zeigen zu dürfen. Zum anderen kann der Daumen auf der Ebene symbolischen Erlebens in einer Verschiebung nach oben dem Penis gleichgesetzt werden.

Die so ausgelöste Kastrationsangst ist auch in einem weiteren Sinne zu verstehen als Angst

sexualität

Römisches Relief aus dem 1. Jahrhundert. Aufgrund seiner polygamen Eigendynamik wurde der Phallus oft auch als befügelt oder als Vogel dargestellt.

Ständig in Bewegung, neugierig, impulsiv, kühn, unfähig sich zu binden, freut sich über die eigene Kraft und ist bereit, sich für alles, was ihm über den Weg läuft, einzusetzen, ohne sich um die Aufrechterhaltung und Pflege menschlicher Beziehung zu kümmern, es sei denn, der Eros bremst ihn und fängt ihn ein.

Stein 1981, S. 136 ff.

davor, in allen expansiven Handlungs- und Entfaltungsmöglichkeiten beschnitten zu werden. Es ist ja gerade die Hand und die Möglichkeit des Pinzettengriffs, die in unserer Evolution einen entscheidenden Schritt bedeuteten. Und der aufgerichtete Daumen heißt ja als Geste: „Ich habs geschafft!" oder „Ich bin gut!"

In den Stunden mit dem achtjährigen B. tauchte wiederholt die Fantasie auf, er müsse seinen Penis festhalten, damit er ihm beim Schaukeln nicht wegfliege, sein Penis sei nur angeklebt.

Einerseits kann das Wegfliegen des Penis als Angst vor seinem Verlust verstanden werden im Sinne der eben beschriebenen Kastrationsangst. Bei B. hatte sie sich in Zusammenhang mit einer Phimose-Operation und mit dem Erleben eines strengen, strafenden Vaters entwickelt.

Das Gefühl des fliegenden Penis könnte zugleich auch mit der Erektion in Verbindung stehen, die der Junge als Selbstständig-Werden des Penis erlebt. Er nimmt wahr, dass er keine Kontrolle über den Penis hat.

Das Motiv des Penis, der selbstständig den Ort der Lust aufsucht, ist seit frühester Zeit ein Symbol für die unbezogenen, triebhaft-lustvollen Aspekte männlicher Sexualität. Der damit verbundene Geist des Phallus wird von Stein so charakterisiert:

Sinnlichkeit und sexuelle Aktivität sind auch Haupteigenschaften der archetypischen Figur des Schelms oder Tricksters, ein Wesen mit ungezähmten Instinkten und großer Triebhaftigkeit, das als Vorstufe in der Entwicklung des Helden und der Ich-Entwicklung verstanden werden kann (vgl. Jung, Radin, Kerenyi 1954, S. 35 ff.).

Das Motiv des fliegenden Penis ermöglichte, mit B. über das erregende Thema seiner Genitalität und Körperlichkeit zu reden zu und Bestätigung für die Richtigkeit seines Geschlechts zu bekommen.

Eines seiner Spiele: B. spielte mit Kuscheltieren. Er wäre lieb zu diesen und würde gerne mit ihnen kuscheln, während die Therapeutin streng zu diesen sei und das Kuscheln nicht erlauben würde.

In der Bearbeitung dieser Spiele wurde möglich, mit dem Jungen zu umkreisen, dass er gerne seinen Körper, auch seinen Penis anfasst und streichelt, es aber eine Seite in ihm gibt, die streng ist wie die Eltern und die Therapeutin, so dass er sich frage, ob er dies überhaupt dürfe.

Es ging für ihn um das Angenommen-Werden in seiner männlichen Geschlechtlichkeit, und es war möglich mit ihm zu besprechen, dass das Anfassen und Streicheln seines Penis und seine Erektionen natürlich sind und sein dürfen.

2. Der Mensch, ein sexuelles Wesen von Anfang an?

Diese im Grunde sehr einfachen Beispiele zeigen, wie ernsthaft sich Kinder mit ihrer Sexualität und ihrem Körper beschäftigen und wie entlastend und hilfreich es für sie ist, das tun zu können und darin verstanden zu werden.

Zugleich ist deutlich, wie wichtig das psychodynamische Verstehen ihrer Fantasien ist, und wir können erahnen, wie die sexuellen Bilder aus den Medien bei den Kindern Fragen und Fantasien anregen. Sich damit nicht auseinander setzen zu können, ist verunsichernd und angstauslösend.

2.1 Kindliche Sexualität in der Psychoanalyse Freuds...

Der Streit darum, ob und ab wann Kinder sexuell empfinden und erleben und welche Rolle die Sexualität für sie und ihre Entwicklung hat, ist alt.

Aus Sicht der Psychoanalyse gehört das Sexuell-Sein zum Menschen von Geburt an. Sexualität war für Freud neben der Aggression die Triebkraft, die Libido, die den Menschen ab der Geburt antreibt. Der frühkindlichen Sexualität wurde deshalb eine grundlegende Bedeutung für das Gelingen oder Misslingen der Persönlichkeitsentwicklung beigemessen.

Das Konzept Freuds, dem Kind bereits Sexualität zuzusprechen und seine Theorie, dass die infantile Sexualentwicklung als grundlegend für die Persönlichkeitsentwicklung anzusehen sei, war in seiner Zeit und ist bis heute polemisch kritisiert und heftig umstritten. In der Psychoanalyse wurde die Triebtheorie rasch erweitert und ergänzt, u.a. um die Objektbeziehungstheorie.

2.2 ... und in der Sicht von C. G. Jung

C. G. Jung akzeptierte die Theorie Freuds, dass die sexuellen Triebe von frühester Kindheit an den primären Motor unseres gesamten Seelenlebens ausmachen, nicht. Er erkannte an, dass in der Kindheit eine Vielzahl von Libido-Komponenten die kindliche Erfahrungswelt prägen, lehnte es aber ab, autoerotische kindliche Betätigungen bereits als sexuelle Aktivität zu verstehen. Er sah in ihnen mögliche Keime der späteren Sexualität.

Jung ging davon aus, dass in einer vorsexuellen, durch Beziehung und Ernährung charakterisierten Phase in der frühen Mutter-Kind-Beziehung *die Bedeutung eines schützenden, umgebenden, nährenden Wesens, das aus diesen Gründen lustvoll ist* (Jung GW 4, § 345), entsteht.

Über eine zweite Phase, die durch die keimende Sexualität (Vorpubertät) gekennzeichnet ist, gelange der Erwachsene zur Entwicklung der Geschlechtlichkeit und sexuellen Libido (vgl. Frey-Rohn 1969, S. 206 ff.)

2.3 Sexualität und Sinnlichkeit als angeborens Motivationssystem

Im Rahmen der Säuglingsforschung benannte Lichtenberg die Sexualität und die Sinnlichkeit als eines von fünf angeborenen Motivationssystemen, die zentral sind beim Aufbau und der Entwicklung des Selbstempfindens und des späteren Identitätsgefühls des Kindes.

Insgesamt hat die Säuglings- und Bindungsforschung bestätigt, wie maßgeblich eine positive frühe Mutter-Kind-Beziehung und eine sichere Bindung unter Einbezug des Vaters für die gesunde Entwicklung des Kindes ist. Kindliche Sexualität wird nicht als genital zielgerichtet aufgefasst, sondern als durch Spontanität und Ausprobieren gekennzeichnet.

Grundsätzlich hat Sexualität in allen Altersstufen mit dem Suchen und Erleben sinnlichen Genusses zu tun. Nichtsdestotrotz zeigt sich auch aus heutiger Perspektive: Die Befriedigung gerade sinnlich-zärtlicher Bedürfnisse, die beim Kind von einem angeborenen Programm ausgelöst werden und in der Schwangerschaft beginnen, nehmen in der Interaktion zwischen Mutter und Kind einen entscheidend wichtigen Anteil ein:

Diese Bedürfnisse sind bedeutsamer, als bisher angenommen wurde, und erstrecken sich über unseren gesamten Lebenszyklus.

Jacoby 1998, S.151

In unserem ganzen menschlichen Dasein sind wir auf Zuwendung anderer angewiesen, durch die unsere Bedürfnisse nach Sinnlichkeit und Zärtlichkeit befriedigt werden:

Zugleich fördert solche Befriedigung auch die Kohäsion unseres Selbstempfindens und unseres Sicherheits- und Geborgenheitsgefühls. (ebd.)

2.4 Das Geschlecht des ungeborenen Kindes

Nach Erich Neumanns Theorie bilden Mutter und Kind in der Embryonalzeit eine Einheit, eine *Dual-Union*. Der Ich-Keim des Kindes ruht geborgen in der Schoßmitte des Uroborus (Symbol für die sich selbst genügende Ur-Einheit) in einer Art paradiesischem Zustand.

Entscheidend für den Aufbau einer sicheren Bindung und gelungenen Mutter-Vater-Kind-Beziehung ist die emotionale Kontaktaufnahme zwischen Eltern und Kind bereits in der Schwangerschaft, wobei die Fantasien der Eltern über ihr Kind und sein Geschlecht eine wichtige Rolle spielen können.

Die Frage des Geschlechts des Kindes wird heute meist in der Schwangerschaft beantwortet, ist aber dennoch bedeutsam,

... weil mit der Geschlechtszugehörigkeit des Neugeborenen bewusste und unbewusste Erwartungen aktualisiert werden.

Mertens 1997, S. 65

Während die bewussten Erwartungen an gesellschaftsspezifischen Geschlechtsstereotypen orientiert sind, beschäftigen sich die unbewussten Fantasien mit dem möglicherweise konflikthaften Erleben der eigenen elterlichen Geschlechtsidentität.

3. Nahrung, Körper und Sinnlichkeit im Kleinkindalter

Die Urbeziehung ist durch Eros und Bezogenheit geprägt, wobei das Kind beim Aufbau seiner Psyche, seines Ich und seiner Ich-Selbst-Beziehung auch auf die „psychische Ernährung" durch die Mutter angewiesen ist. Die Mutter wird in dieser frühen Phase insbesondere als nährende Welt und als archetypische Mutter erlebt.

Im ersten Lebensjahr sind die Haut, der Mund und die Mundschleimhäute die erogenen Zonen des Kindes, über die das Kind mit der Umwelt in Kontakt tritt. Neumann erweiterte das konkrete Verständnis der Psychoanalyse von der Oralität, indem er darunter *den Austausch mit der Welt* verstand.

Brust und Milch symbolisieren das Wesen der positiven Urbeziehung und bedeuten über das Nährende hinaus Wärme, Sicherheit, Verbundenheit, Nicht-Alleinsein, Schmerz- und Unlust-Überwindung, Geborgenheit in der Welt und im Leben überhaupt (vgl. Neumann 1963 S. 30f.).

Der intensive Körperkontakt in der frühen Beziehung befriedigt das grundlegende Bedürfnis des Kindes nach Geborgenheit, Angenommensein, Kontakt und Sinnlichkeit und trägt maßgeblich zum Aufbau des Körperselbst bei.

Das Kind erfährt durch seine Körperlichkeit als Basis des Ich-Komplexes eine Form der Akzeptanz und auch der Daseinsberechtigung.

Kast 1990, S. 74

Selbstwertgefühl, positiver Mutterkomplex und positive Geschlechtsidentität bedeuten, Freude am eigenen Körper zu haben und sexuelle Bedürfnisse als etwas Normales zu erleben, die befriedigt werden dürfen (vgl. Kast 1994 S. 13).

3.1 Sexuelle Erregung und Erkunden der Genitalien

Wenn Kinder sicher gebunden sind, beginnen sie ihre Umgebung zu explorieren und erkunden auch den eigenen Körper und ihr Geschlecht.

Innerhalb der Säuglingsforschung wurde die Entwicklung der Bedürfnisse nach sexueller Erregung untersucht. Aus Studien von Kleemann (vgl. Jacoby 1998, S. 151) geht hervor, dass männliche Kleinkinder ihren Penis oftmals im Alter von ungefähr zehn Monaten zum ersten Mal entdecken.

Ab dem Alter von ca. 18 Monaten verwandeln sich die Spiele mit den Genitalien und zeigen nun stärker auch sexuelle Lust und das Bedürfnis nach Triebentspannung durch Selbstbefriedigung. Dieses Spiel weckt auch heute noch ambivalente Gefühle bei den Eltern und schafft Unsicherheiten, wie damit umgegangen werden kann. Beobachtbar ist die Ambivalenz im Umgang mit den Genitalien z. B.

daran, dass viele Eltern spielerisch die Körperteile des Kindes bei Pflege und Anziehen benennen, die Genitalien dabei aber aussparen.

Es ist wichtig für Eltern zu wissen, dass spontane triebhafte Regungen des Kindes wie Erektion und Erkunden von Penis oder Vagina Ausdruck des Wohlbefindens und positiver Entwicklung des Kindes sind, und es ist wichtig, dies dem Kind zu spiegeln.

Schon R. Spitz hatte in einer Untersuchung im Rahmen der Deprivationsforschung nachgewiesen, dass das Spielen mit den Genitalien häufiger bei Kindern auftritt, die in einer tragfähigen Mutter-Kind-Beziehung leben, wohingegen Kinder ohne diese kein Interesse zeigten, mit ihren Genitalien zu spielen (vgl. Mertens 1997, S. 61).

3.2 Geschlechtsidentität und geschlechtsspezifisches Verhalten

Geschlechtsidentität bezeichnet die Kontinuität des Selbsterlebens eines Individuums in Hinblick auf sein Geschlecht und die Gesamtheit der bewussten und unbewussten geschlechtsbezogenen Aspekte, Vorstellungen und Erlebnisweisen, die mit der eigenen Identität verbunden werden. Das Erleben der eigenen Geschlechtsidentität zeigt sich im Wissen und in der Bewusstheit um sich selbst und der eigenen Geschlechtlichkeit, aus Sicht der Analytischen Psychologie auch in Hinblick auf den gegengeschlechtlichen Seelenanteil Animus oder Anima. Ebenso geht es um die Vorstellungen, die man von sich selbst hat, in Abgrenzung und Auseinandersetzung mit Vorstellungen, die andere von einem haben und an einen herantragen, wie z.B. Erwartungen, Fantasien und Ängste der Eltern in Bezug auf Geschlecht und Geschlechtsrolle.

Erste Ansätze einer Kern-Geschlechtsidentität, die sich im Laufe des ersten Lebensjahrs herausbildet, ist das uranfängliche, zunächst noch sprachlose Erleben des biologischen Geschlechts. In den Interaktionen mit den Bezugspersonen werden Selbstrepräsentanzen entwickelt, die auch die Grundlage für Männlichkeit bzw. Weiblichkeit legen. Die Sozialisation des Kindes ist von klein auf geschlechts-

spezifisch, d. h. Mütter und Väter gehen von Geburt an unterschiedlich mit dem gleich- bzw. gegengeschlechtlichen Kind um.

3.3 Erleben in der Psychotherapie

Progressive und regressive Phasen gehören zur gesunden kindlichen Entwicklung und werden im therapeutischen Prozess bedeutsam. Regression kann als Prozess des inneren Kräfteschöpfens und der seelischen Regeneration verstanden werden. Im therapeutischen Prozess mit Kindern wird Regression als ein notwendiger Rückzug oder als Rückkehr zu früheren psychischen Erlebens- und Verhaltensweisen, erkennbar, etwa an kleinkindhaftem Verhalten, Babysprache, Fantasien vom Leben in paradiesischer Geborgenheit.

Regredieren Kinder in den frühen Raum, dann bauen sie z. B. gerne Höhlen oder Häuser aus Decken oder Kissen, in die man sich wie in einen Uterus zurückziehen kann. Häufig sind auch entspannte Ballspiele, Verstecken, Einkaufen etc. im Fokus und Mutter-Kind- oder Vater-Kind-Rollenspiele. Einmal musste die Therapeutin über viele Stunden „nachmalen", was die kleine Patientin malte und sie auf diese Weise spiegeln und ihr die Erfahrung einer verlässlichen psychischen und physischen Basis vermitteln.

Gesellschaftsspiele, mit denen Kinder heilsame Erfahrungen in diesem Bereich machen können, sind alle Spiele mit der Frage „Wer bekommt am meisten?" wie z.B. das *Angelspiel, Memory* oder *Halli-Galli* extreme

4. Anale und urethrale Lusterfahrungen

Im zweiten Lebensjahr sind das Fortschreiten des Spracherwerbs, der aufrechte Gang des Kindes, die Entwicklung der Denkfunktion und des Gedächtnisses Ausdruck der wachsenden Autonomie des Kindes gegenüber den frühen Bezugspersonen; das Kind kann Neinsagen. Die erogene Zone dieses Alters ist die Afterregion, der anale und urethrale Ausscheidungsbereich werden erkundet. Die Erfahrungen mit den Exkrementen bekommen Bedeutung, u.a. für die Entwicklung der in der Triebpsychologie sog. analen Persönlichkeit. Kot kann für

sexualität

das Kind das von ihm schöpferisch Gemachte sein und ist eng mit seinem Körperselbst verbunden.

Die Abwendung vom Analen erfolgt häufig nicht der Eigenzeit des Kindes und der Reifung entsprechend, was zur Ablehnung des Körperlichen und zugleich des archetypischen Bereich des großen Weiblichen mit seiner erdhaften Symbolik des Wachstums und der Verwandelbarkeit der Materie führt (vgl. Neumann 1963, S. 131 ff.).

Die Erfahrungen des Kindes in dieser analen Phase können prägend für das spätere Erleben und Umgehen mit Besitz sein, dessen anale Frühstufe die Exkremente sind. Im Unbewussten besteht nach Freud oft die symbolische Gleichung Kot-Gold-Geld.

Störungen im Verlauf dieser psychosexuellen Phase können u.a. im Schulverhalten und überhaupt im Leistungsbereich deutlich werden, etwa wenn ein Kind keine Leistung zu geben bereit ist.

Interessant sind für das Kind auch die Funktionen und Lusterlebnisse des urethralen Bereichs. Kontrolle wie auch Lustgefühle beim Urinieren im Sinne einer verströmende Hingabe im sich lösenden Laufenlassen werden erlebbar.

4.1 Phallische Potenz und positive Geschlechtsidentität

Jungen wenden sich in dieser Phase verstärkt ihrem Penis zu, spielen damit oder wetteifern um die Weite des Harnstrahls, was z. B. als Freude am Spritzen mit dem Wasserschlauch sichtbar werden kann. Mit der Muskelentwicklung entfaltet sich der aggressive Geltungsbereich - als eine der Grundlagen für den späteren männliche Geschlechtsstolz, die phallische Potenz.

Zunehmend wird der Vater für den kleinen Sohn wichtig in Hinblick auf Identifikation mit der männlichen Geschlechtsrolle. Das Auftreten von Kastrationsangst des Jungen kann ein untrügliches Zeichen dafür sein, dass die Kern-Geschlechtsidentität gegen Ende des zweiten Lebensjahres errichtet worden ist (vgl. Ehlhardt 1994, S. 96 ff.).

Drecksau heißt ein Kartenspiel von Frank Bebenroth aus dem Kosmos-Verlag, mit dem die Polarität von Sauber-Sein / Triebfeindlichkeit versus Schmutzig-Sein / Triebbejahung besonders lustvoll erlebt und gespielt werden. Die Spieler verwandeln fünf saubere Schweine in fünf Drecksäue: Nur schmutzige Schweine sind glücklich!

Das Schwein ist ein Symboltier, das in unserem Kulturkreis einerseits mit Unreinheit, Habgier, Wollust, ungezügelter Leidenschaft und Völlerei in Verbindung gebracht wird, andererseits ist es ein altes Sinnbild für Fruchtbarkeit und wird dementsprechend mit Glück, Sexualität und Sinnenfreude verbunden. In alten matriarchalen Kulturen galt das Schwein als heiliges Opfertier von Muttergöttinnen (Demeter, Isis).

Erde, Wasser, Schlamm, Sümpfe sind ebenfalls Bereiche der Fruchtbarkeit, des sinnenfreudigen triebkräftig-üppigen Lebens.

Eine symbolische Auseinandersetzung mit Schwein, Matsch und Schlamm kann dementsprechend eine Annäherung an diese Seiten der ursprünglichen Trieb- und Instinktkraft bedeuten. Im Symbol der unbewussten „Sumpfzeugung" aus den Mythen der Urzeit sah Bachofen die wilde Zeugung, in der das Naturerleben auf der Stufe seiner größten Wildheit und Ursprünglichkeit, Zügellosigkeit und Ordnungslosigkeit zum Ausdruck komme (vgl. Bachofen 1926).

Mädchen können es in dieser Phase schwer haben. Bei nicht ausreichender Aufklärung versuchen sie sich damit zu trösten, dass ihre Klitoris noch wächst. Nach Oliner (1982, vgl. Mertens) werden kleine Mädchen in unserer Gesellschaft früher, strenger und rigider zur Sauberkeit erzogen als Jungen. Deshalb erleben sie ihre Mütter als kontrollierender und eindringender als Jungen, z. B. beim Waschen, Trocknen und Cremen der Scheide und des Anus (vgl. Mertens 1997, S. 92).

Da anatomisch betrachtet die urethralen, analen, und genitalen Empfindungen von kleinen Mädchen noch nicht klar voneinander differenziert werden können, kann eine gedankliche Verbindung zwischen genitaler Sexualität und verbotenem und beschämenden Sich-Beschmutzen hergestellt werden, was die Ausbildung einer positiven weiblichen Geschlechtsidentität erschwert (vgl. ebd.).

4.2 Akzeptanz des „unteren" Triebbereichs in der Psychotherapie

Der untere Trieb- und Instinktbereich wird in unserer Kultur entsprechend der kollektiven Werte und Normen als primitiver und minderwertiger gegenüber den höheren, geistigen Werten angesehen, von daher entwertet und tabuisiert. Wie wichtig es in der analen Phase um grundlegende Annahme des unteren „animalischen" Triebbereichs und zugleich seiner schöpferischen Aspekte geht, wird in der Kindertherapie deutlich, wenn man Kindern beim lustvollen Matschen am Sandkasten, kneten und malen mit Ton und Fingerfarben zuschaut. Die Beschäftigung mit diesen Materialien kann als Annäherung an Schattenaspekte, Versuch der Bewältigung und Abreaktion verstanden werden.

Das Spiel *Drecksau* bietet eine gelungene Möglichkeit, spielerisch in diesen Bereich zu regredieren und „tricksterhaft" die eigenen animalischen Seiten durchzubringen.

Ein zentrales Erleben, das sich in Therapien einstellt, wenn eine therapeutische Regression auf diese Ebene erfolgt, ist auch das Herstellen eines Gefälles von Macht/Ohnmacht, Besitz/Verlust. Gesellschaftsspiele, in denen das

Ziel ist, das meiste Geld zu erringen und den Gegner in eine mittellosere Position zu bringen wie z.B. *Monopoly* werden häufig gespielt.

In Gesellschaftsspielen kann auch die anale Dynamik in der Polarität „Anhäufen, drauf sitzen bleiben" bzw. „Verweigern/Behalten" versus „Hergeben/Verschenken" in die Darstellung kommen. Kartenspiele wie *Uno*, *Phase 10*, *Skip-Bo*, *Rommé* oder *Mau-Mau*, in denen es um das schnelle vollständige Ablegen der Karten aus der Kartenhand geht, können symbolisch als die Ausscheidungen oder auch als die Aggression verstanden werden, deren Zurückhalten eine Qual sein kann.

5. Autoerotik und Freude am geschlechtlichen Körper

Im Alter von drei bis vier Jahren, der frühen infantil-genitalen Phase, nehmen genitale Spannungen zu. Wahrnehmbar sind sie u. a. an autoerotischen Aktivitäten und erster Selbstbefriedigung sowie an der Freude am Sich-Zeigen und am Gesehen-Werden. Jungen zeigen gerne mit vorgestrecktem nacktem Bauch ihren Penis und wollen bewundert werden. Das Mädchen zeigt seinen ganzen Körper zum Teil mit Koketterie. Durch Sehen und Bestätigen dieser Impulse verstärken Erwachsene die Geschlechtsidentität und die Freude an ihr.

5.1 Ich wills wissen …

In diesem Alter setzt der Wissenstrieb nach allem, was mit Bau und Funktion der Sexualorgane, mit Geschlechterbeziehung, Zeugung, Schwangerschaft und Geburt zu tun hat. Die psychosexuelle Identität wird nun eindeutiger erlebt. Eine Erziehung, die vernachlässigt, Kindern die Ursache und Bedeutung des Geschlechtsunterschiedes in einer altersentsprechen Aufklärung zu verdeutlichen, kann bei dem Kind Angst hervorrufen.

Auf der gleichgeschlechtlichen Ebene wird durch Identifizierung gelernt, wie man als Mädchen/Frau oder als Junge/Mann sein, sich verhalten und erleben kann. Entwicklungsaufgabe ist für das Kind in dieser Phase, dass es die Geschlechtsunterschiede   wahrnimmt

sexualität

und verarbeitet. So kann es seine eigene Geschlechtsidentität entwickeln. Es kann sich gut und richtig fühlen mit dem eigenen Geschlecht, und es kann ein geschlechtlich differenziertes narzisstisch positiv besetztes Körperbild entstehen. Das Kind muss zugleich die Kleinheit und Unreife der eigenen Genitalien erkennen und akzeptieren und damit auch mit narzisstischen Enttäuschungen und Schamgefühlen umgehen lernen.

5.2 … auch in der Therapie

Kinder umkreisen im weitesten Sinne die Tatsachen von Zeugung, Schwangerschaft, Geburt und Sexualität. Dahinter versteckt sich oft die Angst, nicht gut und richtig zu sein mit dem eigenen Geschlecht, aber auch der Neid auf das gegengeschlechtliche Geschwister, der oder die als besser ausgestattet erlebt wird.

Kinder gehen, wie in den eingangs dargestellten Spielszenen, mit der Tatsache ihrer Geschlechtszugehörigkeit um. Sie setzen sich damit auseinander, dass es verschiedene Geschlechter gibt, aber auch, worin sich diese unterscheiden und wozu diese zwei Geschlechter notwendig sind.

Ganz oft werden in dieser Phase die Madroschka-Puppen hervorgeholt und vom Kind staunend geöffnet, auseinander genommen und bewundert, dass jeweils eine größere Puppe eine kleinere Puppe in ihrem Innern trägt. Dies bietet einen guten Anknüpfungspunkt, über die Tatsache von Schwangerschaft, Zeugung und Geburt zu sprechen. Das Kind muss deutlich wissen, wie das Baby in den Mutterleib hineinkommt, aber auch, wie es herauskommt.

Das Schießen mit der Armbrust auf die Zielscheibe hin, wie auch das Fußballspielen wird oft von Jungen gewählt, um Bestätigung in ihrer männlichen Identität und Geschlechtsrolle zu erhalten.

6. Eltern-Kind-Dynamik in der infantil-genitalen Phase und geschlechtsspezifische Entwicklung

Im fünften und sechsten Lebensjahr werden die Geschlechtsorgane zur erogenen Zone.

Das Bewusstwerden des Geschlechtsunterschiedes kann mit erheblichen Ängsten verbunden sein; oft beschrieben: Kastrationsängste und –fantasien.

In der psychoanalytischen Triebvorstellung geht es um die Auseinandersetzung mit dem Ödipuskonflikt. Aufgabe dieses Alters ist die Geschlechtsidentität sicher zu entwickeln und zu begreifen, dass die Eltern sich auf eine geheimnisvoll andere Weise begehren, von der das Kind ausgeschlossen ist. Moderner gesprochen geht es darum, die unterschiedlichen Interaktionsprozesse zwischen Eltern und ihren Töchtern und Söhnen zu verstehen und zugleich die Existenz einer Generationendifferenz begreifen.

6.1 Entwicklung der weiblichen Identität

Die Tatsache, dass Mutter und Tochter das gleiche Geschlecht haben, beeinflusst die Entwicklung der weiblichen Geschlechtsidentität zentral. Sie erleben sich von daher von Anfang an als vertrauter, woduch sich auf beiden Seiten leichter Identifikationsprozesse einstellen. Männliche Eigenschaften wie Autonomie und Aktivität werden weniger betont und in der Folge fallen Trennung und Individuation der Tochter schwerer.

Der Vater entfaltet für Sohn wie für Tochter schon früh triangulierende Aspekte, und er bewundert und fördert die aktiven Entwicklungselemente in der Regel deutlich. Für Mädchen und die Entwicklung eines positiven Selbstwertgefühls ist bedeutsam, sich über ihn mit sog. männlichen Eigenschaften wie Unabhängigkeit und Durchsetzungsvermögen identifizieren zu können.

Erotische und inzestuöse Aspekte der Vater-Tochter-Beziehung können zugleich eine Entwicklungsgefahr darstellen, z. B. indem das Mädchen für den Vater die Frau sein möchte, die er sich wünscht und die die Mutter nicht ist.

Die zweite Gefahr liegt in der realen Inszenierung der inzestuösen Fantasien, in Gestalt von sexuell gefärbten oder eindeutig sexuellen Handlungen. Schätzungsweise 25 Prozent aller Mädchen erleiden sexuell-inzestuöse

Erfahrungen durch männliche Familienmitglieder, Jungen nur zehn Prozent (vgl. Rudolf 2000, S. 58).

6.2 Die Entwicklung der männlichen Geschlechtsidentität

Die Mutter-Sohn-Beziehung ist durch das Anderssein gekennzeichnet und Söhne können deshalb von Anfang an von Müttern als eine narzisstische Ergänzung erlebt werden: *das geschlechtsfremde Wesen, etwas, das sie selbst nicht sind, aber jetzt haben.* (ebd. S. 57)

Mütter gestatten ihren Söhnen in der Regel mehr Autonomie, Selbstbestimmung und Aktivität, projizieren ihre eigenen entsprechenden Wünsche dabei oft auf den Sohn. Das kann z. B. dazu führen, dass Jungen ihre sog. weiblichen Seiten nicht leben können, sondern auf Frauen projizieren. Die Entwicklung der gesunden männlichen Identität ist gefährdet, wenn Jungen sich zu sehr mit der Mutter verbunden oder gar als Ersatzpartner fühlen.

Der Vater ist von früh an der Dritte, der durch seine männliche Andersartigkeit interessiert, aber auch erschrecken kann. Ist er gut bezogen auf seinen Sohn wie auch auf seinen männlichen Körper und seine männliche Identität, dann fördert und erlaubt er das Erleben der männlichen Möglichkeiten als Identifikationsobjekt.

6.3 Heldenjungen und Pippi Langstrumpf in der Psychotherapie

In diese Phase gehören alterstypische Handlungen wie Doktorspiele, Vater-Mutter-Kind-Spiele, Geburtsspiele und Zeugungsspiele. Kinder in dieser Entwicklungsphase, oder Kinder, die in diese Phase regredieren, gestalten z. B. die positive Beziehung zu Vater/Mutter im Spiel, oder sie greifen auf symbolische Darstellungen im Sinne einer positiven Mutter-Kind-Übertragung und/oder der Triangulierung zurück.

Ein sechsjähriger Junge spielte über viele Therapiestunden Geschichten um den kleinen Ritter und seine Königin, die zusammen lebten: Während die Königin auf einem Stuhl sitzt und ohne eigene Bedürfnisse für den kleinen Ritter „da" ist und für seine basalen Bedürfnisse zur Verfügung steht, geht der Ritter mit seinem Schwert, um mit dem Drachen zu kämpfen.

Für viele Mädchen ist die Geschichte von Pipi Langstrumpf (oder ähnlichen weiblichen Heldinnen) in dieser Phase wegweisend. Pippi ist das besonders starke und autonome Mädchen, die alleine mit ihrem Pferd und Affen (verstanden als positiver Zugang zu ihren Triebkräften) lebt und zugleich eine gute Beziehung zu ihrem Vater (symbolisiert durch die Schatzkiste mit Goldstücken) hat.

7. Eine Zeit der Ruhe – die Ruhe vor dem Sturm

Durch die bei der Einschulung erreichte Reifungsstufe der Persönlichkeit, wird der Weg frei für die längere Phase des Erfahrungs- und Wissenserwerb durch die Schule. Diese sog. Latenzzeit gilt als Phase, in der das nunmehr stärkere Ich dem Kind hilft, seine Triebimpulse zu kontrollieren (anstatt sich ihnen ausgeliefert fühlen zu müssen) und neue Möglichkeiten eines befriedigenden Lebens zu erwerben.

In den folgenden Jahren bis zur Pubertät kann das Kind seine kognitiven, sozialen und emotionalen Fähigkeiten weiter entfalten und beginnt damit, über die Möglichkeit der Sublimierung zu verfügen. Es ist nun angewiesen auf Ermutigung und Bestätigung bezüglich dem, was es per Kopf, per Hand und per Herz leisten kann.

Mit Kindern altersentsprechend auf ihre psychosexuelle Entwicklung einzugehen, ermöglicht Selbstvertrauen in die eigene Identität und Rolle und ist damit beste Voraussetzung für angstfreies soziales Lernen. Es ermöglicht Kindern auch, sich in Grenzbereichen oder in Situationen von Übergriffen oder sexuellem Missbrauch autonomer zu verhalten, sich besser zu schützen und Hilfe holen zu können.

8. Sexuelle Sozialisation und angemessene Aufklärung

Obwohl die „modernen" Kinder und Jugendlichen vielfältigste Informationen zur Entwicklung und Bedeutung der Sexualität bekommen können, bleibt es vor allem Aufgabe von Eltern, ihren Kindern einen guten Umgang mit der Triebseite ihres Körpers und ihrer Sexualität zu ermöglichen. Dazu gehört es vor allem auch, die emotionalen Aspekte der Sexualität und Werte für die Auseinandersetzung mit Sexualität und ihren positiven und negativen Aspekten zu vermitteln.

Altersentsprechende Aufklärung, d.h. angemessene Informationen zur psychosexuellen und der entsprechenden emotionalen und sozialen Entwicklung zu geben und Werte zu vermitteln, unterstützt die Möglichkeiten von jungen Menschen, mit den neuen sozialen und familiären Lebenswelten und Beziehungsformen umzugehen, denen sie ausgesetzt sind und diese zu verstehen. Denn: Sexualität und sexuelle Libido sind allgegenwärtig und beeinflussen den Wandel unserer Lebensformen ständig.

Die Konflikthaftigkeit dieser Thematik und die Schwierigkeiten der Erwachsenen, damit umzugehen, spiegelt sich z. B. in den aktuellen gesellschaftlichen Diskussionen darüber, ob und wie Sexualität und Homosexualität und die neu entstehenden Familien- und Partnerschaftsformen von den Lehrern in der Schule mit Kindern besprochen werden sollen und können. Während die Patchworkfamilie und die Frage von Alleinerziehung im sozialen Alltag inzwischen offensichtlich breiten Raum einnehmen, ist der enttabuisierte Umgang mit der sog. Regenbogenfamilie seit einigen Jahren eine neue Herausforderung geworden.

Literatur:

Bachofen, J. J. (1926): Mutterrecht und Urreligion. Eine Auswahl. Hrsg. von Rudolf Marx. Leipzig: Kröner

Brisch, K. H. & Hellbrügge, T. (2007): Die Anfänge der Eltern-Kind-Bindung. Stuttgart: Klett-Cotta

Ehlhardt, S. (1994): Tiefenpsychologie. Stuttgart, Berlin, Köln: Kohlhammer

Frey-Rohn, L. (1969): Von Freud zu Jung. Zürich: Rascher

Jacoby, M. (1998): Grundformen seelischer Austauschprozesse. Zürich und Düsseldorf: Walter

Jung, C. G. (1995): GW 4. Sonderausgabe. Düsseldorf: Walter

Jung, C. G. / Radin, P. / Kerenyi, K. (1954): Der göttliche Schelm. Zürich: Rhein

Kast, V. (1990): Die Dynamik der Symbole. Olten: Walter

Kast, V. (1994): Vater-Töchter, Mutter-Söhne. Stuttgart: Kreuz

Lenain, T. & Durand, D. (2002): Hat Pia einen Pipimax? Das Buch vom kleinen Unterschied. Hamburg: Oetinger

v. Martial, I. (2013): Sexualität in den Medien. Einfluss auf Kinder und Jugendliche. Hohengehren: Schneider

Mertens, W. (1997): Entwicklung der Psychosexualität und der Geschlechtsidentität. Band 1. Stuttgart, Berlin, Köln: Kohlhammer

Neumann, E. (1963): Das Kind. Zürich: Rhein

Rudolf, G. (2000): Psychotherapeutische Medizin und Psychosomatik. Stuttgart: Thieme

Stein, R. (1981): Inzest und Liebe. Fellbach: Bonz

Annette Kuptz-Klimpel
Dipl. Sozialpädogogin, Gruppenleiterin in der Themenzentrierten Interaktion (nach Ruth C. Cohn), Analytische Kinder-und Jugendlichen-Psychotherapeutin in freier Praxis; Supervisorin, Dozentin am C. G. Jung-Institut Stuttgart. Schwerpunkte sind Symbole und Märchen, sowie das Spiel als Heilungsfaktor.

Frauenemanzipation und Sexualität

Beate Kortendieck-Rasche

Ein kleines Mädchen sitzt am Teich, als ein grüner Frosch zu ihr hüpft. „Küss mich, ich bin ein verwunschener Prinz!" Das Mädchen hebt ihn auf und läuft nach Hause. Gleich nimmt sie das Telefon und ruft ihre Freundin an. „Du musst mal ganz schnell vorbeikommen!" Als die Freundin kommt, zeigt sie ihr den Frosch. „Küss mich, ich bin ein verwunschener Prinz!", bittet er wieder. „Warum machst du das denn nicht?", fragt die Freundin. „Na, Mensch, Prinzen gibt es viele, aber ein sprechender Frosch, das ist doch viel cooler!!"

Als ich gefragt wurde, ob ich nicht einen Artikel zum Thema Frauenemanzipation und Sexualität schreiben wolle, war meine erste Reaktion: Nein, ich gehöre doch schon einer anderen Generation an, ich bin nicht mehr auf der Höhe der Zeit, ich bin viel zu romantisch! – Aber dann wurde ich neugierig auf das Thema. Geschichten von Frauen und Frauengeschichte, das ist für mich als Frau, Frauenärztin und Paartherapeutin nun wirklich immer eines der zentralen Themen gewesen.

Aber schon bei den ersten Fragen, ob ich denn nun freier in meiner Sexualität sei als meine Mutter oder Großmutter, komme ich ins Grübeln, vor allem wenn ich an ihre Zeitgenossinnen denke, eine Emma Goldmann oder Lou Andreas-Salomé. Auf meinem Schreibtisch stehen Abbildungen von Skulpturen einer Camille Claudel, in denen so viel Leidenschaft und Eros ist, und ich frage mich, ob sie weniger frei in ihrer Sexualität war, als ich – wohl kaum! Genau so schwierig scheint mir die Antwort auf die Frage, ob denn die Generation

meiner Tochter nun emanzipierter sei als ich. Viele junge Frauen warten nicht mehr auf den Märchenprinzen, sondern suchen in den Dating Apps, z. B. Tinder, nach dem attraktivsten Sexualpartner für ein oder zwei Nächte, eine Haltung, wie sie meine Generation bei den Männern als konsumorientiert und als Machoverhalten aufs Schärfste verurteilt hat.

Gehöre ich jetzt zu den altmodischen Moralaposteln? Das sind die Fragen, mit denen ich mich in dem folgenden Versuch über das Thema Frauenemanzipation und Sexualität herumschlagen werde.

Meine Großmütter – meine Mutter

Meine Großmütter konnte ich nach ihrem Sexualleben, ihren Wünschen und Fantasien nicht fragen. Beide haben zwei Kriege erlebt, die eine in kleinbürgerlichem Milieu auf dem Lande, die andere zur Kriegerwitwe geworden mit vier kleinen Kindern im Ruhrgebiet. Beide hatten keinen Beruf erlernt und nur eine einfache Schulbildung. Beide heirateten aber ihre „große Liebe" gegen den Willen der Familie und Tradition. Beide waren schöne Frauen, und die Großmutter aus dem Ruhrgebiet galt als „lebenslustig", was für mich als Kind einen fragwürdigen Beigeschmack hatte.

Heute denke ich, dass es für sie beide vor allem um das Leben und Überleben in schwieriger Zeit ging. Sexualität war eng an die Frage der Verhütungsmöglichkeit geknüpft, heiraten konnte man aber auch nur, wenn die finanzielle Sicherheit für die Gründung einer Familie gewährleistet war. Ein nicht eheliches Kind war ein Desaster für die Frau und ihre Familie. Sich das Recht zu erkämpfen, den Mann zu heiraten, den man liebt, muss schon eine Besonderheit gewesen sein.

Über sexuelles Erleben, Wünsche und Fantasien meiner Mutter weiß ich schon etwas mehr, obwohl dieses Wissen auch nur im Nebensatz vermittelt wurde. Gefragt hätte ich als junges Mädchen niemals. Das Bild von meiner Mutter komplementierte sich erst später. Als junge Frauenärztin begann ich zu fragen und die Geschichten von Frauen anzuhören, die meine Mutter hätten sein können: „Ich habe gedacht, dass man vom Küssen schwanger wird – als das erste Mal ein Mann mich geküsst hat, wollte ich mich aus Angst vor einer Schwangerschaft vom Balkon stürzen." „Nein Frau Doktor, das hat mir nie Spaß gemacht, aber was tut man nicht alles dem Mann zuliebe." „Ich habe einen sehr rücksichtsvollen Mann!" „Wir heirateten, weil das erste Kind unterwegs war." „Zum Frauenarzt bin ich nie gegangen, ich war immer eine anständige Frau!" „Mein Vater war verheiratet, aber ich war ein Kind der Liebe. Meine Mutter war die Sekretärin meines Vaters, aber er konnte sich nicht scheiden lassen."

Solche und ähnliche Sätze bekam ich oft zu hören! Viele dieser Frauen waren auch durch Krieg und Flucht traumatisiert. Oft erst nach Jahren konnten sie mir von den Vergewaltigungen erzählen, den Therapieversuchen mit Salvarsan, um Geschlechtskrankheiten vorzubeugen oder zu behandeln, den Gefühlen von Scham und Schuld. Gerade in der DDR mussten die Vergewaltigungen verschwiegen werden, aus politischen Gründen.

Diese Geschichten von Frauen standen in völligem Gegensatz zu den Geschichten aus dem Berlin der 20er-Jahre, die ich aus Filmen und Biografien kannte und mit denen ich mich zur Zeit der Frauenbewegung intensiv beschäftigt hatte. In den bürgerlichen Kreisen und Künstlerkreisen waren damals neue Lebensformen ausprobiert worden.

Man hatte Dreiecksbeziehungen und lesbische Beziehungen gelebt, auch die Homosexualität war nicht länger tabu. Es wurde über Sexualität geforscht, man hatte sich aus den kirchlich und gesellschaftlich vorgeschriebenen Normen gelöst, und es wurde experimentiert. Es war die erste Blütezeit der Frauenbewegung gewesen, die hier ihre Früchte trug, wenn auch nur für einen kleinen Kreis von Frauen.

Frauenemanzipation war von den Anfängen an eine politische Bewegung. Die vielleicht erste Frauenrechtlerin war Olympe de Gouges gewesen, die in der Französischen Revolution für die Bürgerrechte der Frauen eintrat und dafür auf dem Schafott ihr Leben ließ. Neben Bürgerrechten, Frauenwahlrecht und ökonomischer Gleichstellung waren die Fragen von Frauengesundheit, Schwangerschaftsverhütung, sexuell übertragbaren Krankheiten, Rolle der Prostitution, Liebe, Sexualität und Partnerschaft die zentralen Themen der Frauenbewegung. Rosa Luxemburg, Alexandra Kollontai, Hedwig Dohm oder Anita Augspurg – alle Zeitgenossinnen meiner Großmütter – hatten schon früh erkannt, dass die Situation der Frauen von Unter- und Mittelschicht – und sie waren in der Mehrheit – nicht einfach mit der Situation von Frauen der Oberschicht zu vergleichen war.

Zurück zur Geschichte meiner Mutter: Sie war junge Frau auf dem Lande zur Zeit der Weimarer Republik, der folgenden Jahre des Nazi Regimes und des Zweiten Weltkrieges. Ein Besuch in Berlin mit Kontakt zu den libertären Kreisen, in denen ihre Cousine lebte, hatte sie eher verschreckt und Gefühle von Verstörung und Insuffizienz ausgelöst. Veränderung des sozialen Gefüges, Existenzängste, Bruch mit tradierten Werten und daraus resultierende Verunsicherung kennzeichneten das Lebensgefühl breiter Bevölkerungsschichten jener Zeit, und nicht nur der Frauen. Der Aufruf der Nazi-Ideologie, eine saubere, ordentliche deutsche Frau und Mutter zu sein, fiel auf bereiten Boden.

Die Rollenfestlegung der Frau auf Hausfrau und Mutter-Sein hatte auch noch lange Zeit nach dem Krieg in der Wiederaufbauphase der BRD oberste Priorität. War das Frauenbild in den 20er- und 30er-Jahren geprägt durch berufstätige Frauen mit Bubikopf, Zigarette und reichlich Sex-Appeal, sei es im kniekurzen Kleid oder im Herrenanzug – auch in Nazi-Kreisen war dieser Frauentyp noch durchaus vertreten –, so wurde die eher biedere Frau mit Aufsteckfrisur und Dirndl-kleid à la Ruth Leuwerik zum Frauentyp der Kriegs- und Nachkriegszeit.

Auch wenn die Frauen in den Kriegsjahren sich alleine in den Trümmerstädten und auf der Flucht hatten durchschlagen müssen und das Zusammen-leben mit den „gescheiterten" Soldaten, den Tätern und Mit-wissern des Holocaust, den Überlebenden von Stalingrad und Gefangenenlagern den Alltag von Frauen beherrschte: Das Idealbild der heilen Fami-

Camille Claudel: Der Walzer, Neue Pinakothek München. Allie_Caulfield (www.flickr.com)

lie und Welt wurde in den Medien propagiert und bestimmte die Wunschwelt der meisten Frauen. Freie Liebe, Sexualität und Frauen-emanzipation waren in den frühen Jahren der BRD erst einmal wieder im Schattenbereich angesiedelt, projiziert auf die kleinen Skandale im Rotlichtmilieu.

Die zentrale Botschaft meiner Mutter an mich war: Eine gute Ausbildung und ein Beruf, der dich unabhängig vom Mann macht, sind die Voraussetzung für eine „gute Ehe". Die In-stitution Ehe wurde nie infrage gestellt. Das Thema Sexualität galt bei ihr eher als eine Sa-che der Männer, ja vielleicht sogar als eine Ge-fährdung der Ehe!

Zeitgenossin meiner Mutter war aber auch Simone de Beauvoir, die mit ihrem Partner Jean Paul Sartre in den Pariser Kreisen der französischen Existenzialisten freie Sexualität und Polyamourie zu leben versuchte und mit ihrem Buch *Das andere Geschlecht* ein Stan-dardwerk für die Weiterentwicklung der Frau-enbewegung schuf.

Ihre Biografie und die Romane und Büh-nenstücke der französischen Existenzialisten waren für mich erster Ausblick in eine andere

Welt. Die Frauenbewegung wurde zur feminis-tischen Bewegung.

Studentenbewegung und Frauenbewegung – Zeit der Revolte

Auch wenn mir das Thema Sexualität eher als ein gefährliches Terrain vermittelt wurde (wozu nicht nur meine Mutter beitrug, sondern auch das von Nonnen geführte Mädchengymna-sium), so war da gleichzeitig große Neugier, die glücklicherweise mit dem frischen Wind der frühen 68er-Bewegung zusammentraf. Die Verbreitung der „Antibabypille", Aufklärungs-wellen von Oswald Kolle und Beate Uhse erreichten auch Land und Kleinstädte, und Beatles oder Rolling Stones machten Sexua-lität zum Thema in ihren Songs.

Wenn mein Freund mit 17 ohne Führerschein heimlich mit dem Auto seines Vaters nachts über Land fuhr, um mich zu treffen, und ich, durch kleine Steinchen ans Fenster geworfen aufgeweckt, mich aus dem Haus schlich, vor-bei an der offenen Schlafzimmertür meiner El-tern, war ich da emanzipierter als meine Mut-ter und Großmütter oder weniger emanzipiert als meine Tochter?

Jugend bedeutet vielleicht immer Aufbruch zu neuen Ufern, und die Sexualität ist dabei das wichtigste Fahrzeug. Meine inneren Geschichten aber waren die Dramen von Romeo und Julia, Gretchen und Faust und der Mandarins von Paris, die Frage nach der Beziehung von Mann und Frau.

Studium in Berlin, Studentenbewegung und Frauenbewegung aber brachten für mich wirklich ein neues Erleben und Selbstverständnis von mir als Frau. Da setzte sich das Puzzle allmählich zusammen. Wir konfrontierten uns mit der Geschichte unserer Eltern, der Zeit von Nazi-Herrschaft und Krieg. Wir nahmen Kontakt auf zu der Zeit zwischen den beiden Weltkriegen und den nicht beantworteten Fragen der Arbeiter- und Frauenbewegung. Wie könnte eine bessere und andere Welt aussehen mit mehr Gerechtigkeit und ohne Kriege und Unterdrückung?

Das Engagement in der Frauenbewegung hat dann entscheidend mein Leben beeinflusst. Es begann mit der §218-Bewegung und unserer Berliner Frauengruppe, die zunächst Beratung und Fahrten nach Holland in die Abtreibungskliniken organisierte. Bald beschäftigten wir uns aber mit weiteren Themen des Frauseins. In Selbstuntersuchungsgruppen lernten wir, unseren Körper als den unseren zu verstehen und nicht länger als Objekt von Medizin oder männlichem Konsumverhalten.

Hatte die Antibabypille zunächst Befreiung von der Angst gebracht, ungewollt schwanger zu werden, so stellten wir nun diesen Fortschritt infrage. Die neu gewonnene Freiheit war für viele Frauen eher zu einer besseren Verfügbarkeit geworden. Frauen standen als billige Arbeitskräfte dem boomenden Arbeits-

Camille Claudel: (1864-1943): Vertumnus and Pomona, Musee Rodin (Fotografie Jessica Spengler, www.flickr.com)

markt der 60er-Jahre zur Verfügung, und der Slogan der Studentenbewegung *Wer zweimal mit derselben pennt, gehört schon zum Establishment!* wurde von vielen Frauen als eine verdeckte Prostitution erlebt. Der Wunsch, Kinder zu bekommen und aufzuziehen, war Frauensache und passte auch nicht zur Revolution.

Die Frauenbewegung ging dann in den 70er-Jahren in die verschiedensten Richtungen. Allen gemeinsam war, dass Frauen sich zum Subjekt ihrer Geschichte machten. Für die Sexualität bedeutete das erst einmal, sich mit Körper, Seele und den Bedürfnissen als Frau auseinanderzusetzen. Zunächst wurden die Bedingungen und Bedürfnisse als historisch gesellschaftlich entstandene gesehen.

Ein revolutionäres Thema dieser Zeit war *Der Mythos vom vaginalen Orgasmus*, Titel eines

Aufsatzes der amerikanischen Autorin Anne Koedt. In diesem Papier wurde die Möglichkeit eines vaginalen Orgasmus bei der Penetration grundsätzlich infrage gestellt. Das war revolutionär, denn bis dahin galten Frauen, die ihre Lust primär über die Klitoris erlebten, als sexuell unreif und zurückgeblieben auf der Stufe des „Penisneides". Die Möglichkeit einer gleichgeschlechtlichen Sexualität wurde aus dem Schatten der Neurose befreit; sie galt dann aber auch für eine Zeit als die wirklich befreite Form der Sexualität von Frauen.

In diesen Jahren fand eine kritische Auseinandersetzung mit der patriarchal bestimmten Gynäkologie und psychoanalytischen Theorie statt. Vieles von diesem Gedankengut ist für junge Frauen heute unvorstellbar. Ein Beispiel aus der Gynäkologie: Anfang des 20. Jahrhunderts gab es die offizielle Schulmeinung, dass der weibliche Orgasmus unphysiologisch sei und lediglich eine zivilisatorisch gezüchtete Imitation des männlichen Orgasmus. Es gab Operationsmethoden, mit denen man die Klitoris in die Vagina verlegte, um einen vaginalen Orgasmus möglich zu machen (!!). Selbstbefriedigung galt als krankhaft und wurde teilweise sogar mit chirurgischer Entfernung der Klitoris "behandelt".

War durch die psychoanalytische Theorie die Sexualfeindlichkeit des Bürgertums im 19. Jahrhundert infrage gestellt worden, was noch weiter Auswirkungen auf die Haltung in den ersten Jahren der Studentenbewegung hatte, so war die Sexualität der Frauen weitgehend auf der Strecke geblieben.

Jetzt aber entdeckten Frauen ihre „Potenz" und das noch in einem viel weiteren Sinne. Nach der Abtreibungskampagne und der neu gewonnenen Wertschätzung des weiblichen Körpers in Selbstbestimmung eroberten Frauen nun auch noch den Kreissaal und die Geburtshilfe. Natürliche Geburt, Hebammengeburtshilfe, Stillen, Geburtshäuser: All diese Bewegungen begannen in den Frauengruppen. Dem „Penisneid" wurde der „Gebärneid" zur Seite gestellt.

Als politische Bewegung hatten wir immer auch die Frauen aus anderen Kulturen mit im Focus unseres Interesses. Die Beschäftigung mit Traditionen und Frauenbild der vielen Frauen aus den islamischen Ländern war vielleicht weniger eurozentristisch als heute. Mir sind bei den Diskussionen um Kopftuch oder Beschneidungspraktiken noch die Diskussionen in unseren Frauengruppen ganz präsent, und welchen Gratwandel zwischen Freiheit und Verfügbarkeit eine Emanzipationsbewegung gehen muss.

Ähnlich der Studentenbewegung wankte auch die Frauenbewegung immer wieder zwischen Extremen. *Männer raus aus Westberlin* oder *Befreit die sozialistischen Eminenzen von ihren bürgerlichen Schwänzen* waren Parolen, die mir meine Freude an Sexualität auch in Missionarsstellung oder meine Liebe zu meinem jetzigen Mann nicht gerade leicht machten.

Die Ablehnung einer Zweierbeziehung und der Verzicht auf Kinder für ein Leben als konsequente politisch aktive Feministin war nicht mein Weg. Ich wurde Frauenärztin, Ehefrau und Mutter von drei Kindern mit vielen Kompromissen. Initiiert in ein Leben, in dem ich Subjekt meiner Geschichte bin, wurde ich aber entscheidend in der Frauenbewegung.

Highheels und Seidenhemdchen
Toupierte Haare, Stöckelschuhe, Strumpfhalter und einengende Büstenhalter waren mir und vielen anderen Frauen der Frauenbewegung ein Albtraum der 60er-Jahre gewesen. Altmodische Flatterkleidchen vom Flohmarkt oder aus dem Dritte-Welt-Laden, billige Latzhosen aus der Berufsbekleidung (dann selbst in rosa oder lila eingefärbt), Sandalen oder Clogs und als Unterwäsche höchstens ein Slip, das war Standardbekleidung im Sommer. Ich erinnere eine Griechenlandreise von zwei Monaten, die ich mit dieser Miniausrüstung bestritt. Viel Natur, möglichst direktes Hautgefühl unter wenig Stoff, das war für mich Inbegriff meiner weiblichen Erotik. Schminke, Lippenstift oder gar Friseur waren tabu. Wir waren nicht Objekte der Konsumgesellschaft und wollten größtmögliche Unabhängigkeit von den Strukturen der Gesellschaft. Aber dann ...

sexualität

1985: Ich sitze auf unserem alten Ledersofa vom Trödler und stille mein zweites Kind. Zu Besuch ist ein etwas jüngerer Kollege, sehr attraktiv in seiner unbekümmerten Männlichkeit. Voller Enthusiasmus erzählt er von seiner neuen Freundin, eine ganze Portion jünger als wir, gerade 25 Jahre. „Beate, stell dir vor, sie trägt schwarze Strapse und Seidenhemdchen … total aufregend! … ein völlig neues Gefühl von Sex!" Ich sitze da in meinem Trödelkleid mit tropfender Brust und denke: „So ein Verrat!"

Kissnofrog – Datingportal für diskrete Abenteuer

2015: Vor mir sitzen zwei 14jährige Mädchen. Ein wenig schüchtern versucht eine die andere zum Sprechen zu motivieren. „Ist ja toll, dass ihr zu zweit kommt, mit einer Freundin ist es oft leichter das erste Mal zum Frauenarzt zu gehen", versuche ich das Gespräch zu eröffnen. „Um wen von Euch beiden geht es denn?"… Kichern … „Verhütung?, die Pille?, Aufklärungsbroschüren? Wie kann ich denn helfen?" Endlich traut sich die scheinbar kindlichere von beiden: „Nee, über Verhütung, da wissen wir Bescheid, schon zweimal in der Schule durchgenommen. Aber Frau Doktor, können Sie mir mal bei meiner Freundin den G-Punkt zeigen und stimmt es, dass Frauen auch abspritzen wie Männer?" Ich bin verwirrt: Ist das jetzt eine verabredete Mutprobe oder echtes Aufklärungsbedürfnis?

Eine abgearbeitete ältere Frau sitzt vor mir und möchte einen Aidstest machen lassen. Gibt es denn einen Anlass, Verdacht, Symptome, Ängste? Vorsichtig frage ich nach. Meine Patientin druckst ein wenig herum, aber dann richtet sie sich auf und spricht mutig los: „Wissen Sie, Frau Doktor, jetzt bin ich schon 56, hab noch nicht so viel vom Leben gehabt, mit Männern, Sie wissen schon. Ich will jetzt mal so richtig loslegen, gibt ja diese Internet Seiten, … aber vorher will ich mich clean machen, einen Aidstest muss jeder schon vorlegen!"

Eine klare Vorstellung, eine emanzipierte Frau, denke ich.

Mutter und Tochter, 48 Jahre und 23 Jahre, beide in ziemlich punkigem Outfit: Es geht um die Wechseljahre und Partnerprobleme der Mutter. Sie lebt in einer neuen Partnerschaft und schildert ziemlich konkret die Sexualproblematik in der neuen Beziehung. Besorgt um die Intimsphäre von Mutter und Tochter unterbreche ich ganz bald den Redefluss und frage, ob es nicht besser wäre, einen neuen Termin alleine bei mir auszumachen. „Nein, wir sind beste Freundinnen, ich kann mit meiner Tochter über alles reden, auch über Sexualität." Die Tochter nickt zustimmend. „Wissen Sie, die Männer wechseln schon mal, aber wir Frauen halten doch zusammen!" Ich bin ziemlich betroffen.

Ist das jetzt eine neue Stufe von Emanzipation oder doch Grenzüberschreitung? Weder mit meiner Mutter hätte ich mir eine solche Gesprächssituation vorstellen können, noch könnte ich es mit meiner Tochter. Aber das vor mir sitzende Mutter-Tochter-Paar kommt aus intellektuellen aufgeklärten Kreisen. Ich kenne beide schon lange und hatte nie den Eindruck einer pathologischen Beziehung.

Eine junge türkische sehr selbstbewusste Studentin sitzt vor mir und möchte von mir eine Bescheinigung über ihr intaktes Jungfernhäutchen. Ich erkläre ihr, warum ich es inzwischen ablehne, solche Bescheinigungen auszustellen. Wir haben ein langes Gespräch über die ungleiche Situation von jungen Männern und Frauen, über die Anatomie und wie medizinisch sinnlos es ist, die Jungfräulichkeit an der Intaktheit des Hymens festzumachen.

Wir sprechen über die Situation in Deutschland vor 100 Jahren, über Traditionen, die unter anderen gesellschaftlichen Bedingungen vielleicht sinnvoll waren. Es ist ein Gespräch auf Augenhöhe zwischen einer jungen und einer älteren Frau mit unterschiedlichem kulturellem Hintergrund. Am Ende des Gespräches sagt die junge Frau zu mir. „So, nun hätte ich gerne meine Bescheinigung, ich bin diesen Stress mit meiner Familie einfach nur leid und habe auch nicht die Lust auf Märtyrertum." Also stelle ich die Bescheinigung aus und verstoße gegen meine Prinzipien.

Letztes Beispiel: Eine verheiratete Frau kommt zum Schwangerschaftsabbruch. Wir sprechen über ihre Situation, wie viel Zeit und welche Hilfe sie noch bei der Entscheidung braucht. „Wie sieht es denn ihr Mann, weiß er denn um ihren Konflikt?" „Nein, er weiß nichts, denn er ist auch nicht der Erzeuger. Ich habe eine Affäre, und es geht mir dabei wirklich nur um Sex. Ich liebe meinen Mann sehr, aber ich wollte einmal mit einem Mann schlafen, der einen ganz großen Penis hat."

Diese fünf kleinen Episoden aus meiner Frauenarztpraxis sind nicht alltäglich, aber auch nicht außergewöhnlich. Meine Praxis liegt in einem eher kleinbürgerlichen Stadtteil mit wachsendem Anteil von sozial benachteiligten Familien, mit Emigrationsgeschichte oder Randgruppendasein. So bewegt sich meine Arbeit zwischen Frauengeschichten, in denen gerade begonnen wird, tradierte Rollenvorstellungen infrage zu stellen, bis hin zu Emanzipationsvorstellungen, die mich und meine Haltung in eine vergangene Welt verweisen.

In einigen Gesprächen mit Frauen der Generation meiner Tochter habe ich versucht mehr Einblick in die Welt dieser jungen Frauen zu bekommen. In vieler Hinsicht sind sie freier und emanzipierter, als es meine Generation war. Viele sind sich selbstverständlicher ihrer Schönheit und sexuellen Potenz bewusst, sie verführen und lassen sich verführen. Sie sind mit einem weiblichen Selbstwertgefühl aufgewachsen, was ihnen ihre Mütter als Errungenschaft mitgeben konnten. Studium oder Berufstätigkeit sind eine Selbstverständlichkeit.

Aber es ist auch eine Generation, von denen nur wenige eine stabile Elternbeziehung erlebt haben. Sie haben den Schmerz von Trennung der Eltern erlebt, sie haben gesehen, dass Vater und Mutter überlebten und auch wieder glücklich mit neuen Partnern wurden, von denen sie sich aber auch wieder trennten. Einige der jungen Frauen haben selbst eine heiße romantische Liebesbeziehung erlebt und trauen sich nach dem ersten Scheitern nicht noch einmal, mit so viel romantischen Vorstellungen und Hingabebereitschaft in eine neue Beziehung einzusteigen.

Es wird wieder viel mit Beziehungsmodellen wie Offene Zweierbeziehung oder Polyamourie experimentiert. Auf diesem Meer der Freiheit gibt es inzwischen viele einsame Seglerinnen, doch es gibt immer wieder auch solche, die es als Paar versuchen. „Ja vielleicht trennen wir uns auch immer wieder ziemlich schnell, weil wir so gut vernetzt sind mit der ganzen Welt, und irgendwo könnte es ja noch einen Partner geben, der noch besser zu mir passt." „Sexualität gehört für viele meiner Freundinnen zum Wellnessprogramm wie veganes Essen, Yoga und Meditation." „In der Sexualität geht es primär um mich und weniger um die Beziehung zum Mann. Ich will nicht besitzen, sondern es ist der Zauber der Begegnung. Eine langfristige Beziehung wie eine monogame Ehe halte ich für komplett illusionär." „Eigentlich wünsche ich mir auch Kinder mit dem Mann, den ich liebe. Besser wäre es aber, einen guten Freund als Vater für die Kinder zu haben. Das garantiert mehr Stabilität."

Für Frauen aus den eher sozial schwachen Kreisen ist die Berufstätigkeit keine Errungenschaft, eher ist alles beim Alten geblieben. Von einem einzigen Gehalt kann eine Familie mit Kindern schwer leben. Es gibt mehr und mehr alleinerziehende Mütter, die am Existenzminimum herumknapsen, die Doppelbelastung von Beruf und Mutter-Sein leben und langfristig von Altersarmut bedroht sind. Medikamentöse Schwangerschaftsabbrüche gehören zu meinem Praxisalltag, und immer wieder erlebe ich die tiefe Trauer der Frauen, die sich in ihrer Lebenssituation kein Kind vorstellen können und bin mehr als wütend, wenn ich in der Presse lese, dass Frauen den doch so leichten Weg der Abtreibung als billige Verhütung nutzen.

Freier Zugang zu Verhütungsmitteln und gute Sexualaufklärung in Schulen und Medien sind eine der Voraussetzung für Frauenemanzipation und freiere Sexualität. Aber für viele Frauen sind neue Normen entstanden und Formen von Fremdbestimmung und Ausbeutung. Silikonbrüste, Kürzung der kleinen Schamlippen auf eine „Norm", wie in den weitverbreiteten Pornofilmen dargestellt, oder das Anliegen

sexualität

sich den G-Spot durch Hyaluron-Einspritzungen vergrößern zu lassen (!) sind Anliegen von Frauen und ein lukrativer Markt für die kosmetische Medizin.

Manchmal wünsche ich mir den „Schleier" als Schutz für Frauen, vor allem für die ganz jungen, um ihnen einen Raum zu geben, in dem sie ihr Frau-Sein entwickeln könnten, ohne der aggressiven Konsum- und Medienwelt ausgeliefert zu sein. „Wann kommt endlich die Pille für den Mann und warum gibt es kein Viagra für Frauen?", werde ich immer wieder gefragt. Die Sexualität ist freier geworden, aber der Gott Eros hat es wohl schwerer!

All dieses ist ein Teil der Berliner Realität, mit der ich lebe, die mich neugierig macht, in der ich aber auch immer wiederkehrende Themen erkenne. Ich selbst bin trotz Frauenbewegung und vieler verwirrender Frauengeschichten eine Romantikerin geblieben, die Sexualität ohne Erotik und Wunsch nach Verschmelzung nicht leben mag. Aber Dank der Emanzipation darf es auch solche geben.

Coda

Frauenemanzipation und Sexualität – C. G. Jungs Frauenbild war vom Zeitgeist geprägt und ist entsprechend von einem feministischen Standpunkt heraus kritisiert worden. Seine Theorie von Animus und Anima, seine Auffassung von Sexualität als einer Symbolsprache (unter anderen) der Libido, seine dringliche Forderung, dem Weiblichen wieder einen gleichwertigen Platz einzuräumen, hat für mich schon in den 70er-Jahren die Analytische Psychologie höchst attraktiv gemacht.

Mit den Bildern der Seele zu arbeiten, sei es mit Träumen oder Sandbildern, sei es mit Bildern aus der Welt der Märchen und Mythologie, hilft mir, den Raum für Gott Eros zu erhalten: um die personale und transpersonale Dimension der Sexualität zu wissen, das Weibliche in seiner Inspirations- und Beziehungsfunktion anzuerkennen, aber Frauen nicht damit einfach zu identifizieren und nicht zuletzt, Frauen auch die Animusqualitäten von Neugier, Expansion und Entscheidungsfreudigkeit zuzugestehen.

Literaturhinweise

Barbach, L. G. (1975): For Yourself. Die Erfüllung weiblicher Sexualität. Berlin: Ullstein

Clement, U. (2006): Guter Sex trotz Liebe. Berlin: Ullstein

Guggenbühl-Craig, A. (1993): Die Ehe ist tot - Lang lebe die Ehe. Zürich: Schweizer Spiegel Verlag

Hasler, E. (2000): Aline und die Erfindung der Liebe. Zürich: Nagel und Kimche

Hermann, J. (2003): Nichts als Gespenster. Frankfurt a. M.: S. Fischer

Jung, E. (1967): Animus und Anima. Fellbach-Öffingen: Bonz

Perincoli, C. (2015): Berlin wird feministisch. Berlin: Querverlag

Pickering, J. (2008): Being in Love. Therapeutic Pathways Through Psychological Obstacles to Love. Routledge

Rasche, J. (2013): Die Hochzeit der Seele aus der Sicht von C.G. Jung. In: Königliche Hochzeit. Von der Alchemie zwischen Gott und Mensch. Die Christengemeinschaft, Zeitschrift zur religiösen Erneuerung 10/2013. Verlag Urachus

Schaetzing, E. (1952): Die verstandene Frau. München: J. F. Lehmanns Verlag

Sichtermann, B. (2012): Was Frauen Sex bedeutet. Frankfurt a. M.: Brandes und Apsel.

Beate Kortendieck-Rasche
Frauenärztin und Paartherapeutin in eigener Praxis, Berlin.

Weibliche Sexualität, Eros und Transzendenz

Monika Rafalski

Vor-Spiel I

Wenn hier weibliche Sexualität „zur Sprache kommt", ist männliche Sexualität weder aus- noch eingeschlossen. Vielmehr wird im Bewusstsein, dass die Sexualität des Mannes Pendant zur weiblichen sein kann, der Fokus auf das Phänomen weiblicher Sexualität gerichtet. Verstehen-Wollen durch Abgrenzen, Polarisieren oder wertendem Vergleichen erscheinen dem Thema inadäquat. Das ist kollektiv oft genug geschehen, ohne das Bewusstsein zu entflammen, zu erwärmen und zu erweitern - vielmehr immer Missgeburten dogmatischer Verengung generierend oder am Leben erhaltend. Unser Verständnis baut auf dem Wissen auf, dass im Weiblichen der männliche Geist und im Männlichen die weibliche Seele enthalten sind, dass weibliche und männliche Sexualität ein zugleich konkretes und symbolisches Geschehen sind.

Diese Einheit wird im indischen Tantrismus durch *Lingam-Yoni-Kunstwerke* dargestellt. Auch der Lotossitz ist die symbolische Körperhaltung des tantrischen Yogi im mystischen Zustand der Vereinigung mit der Göttin (vgl. Walker 2003, S. 1139). Nicht verschwiegen sei, dass die *mittelalterliche Kirche … das Sitzen mit gekreuzten Beinen als heidnisches Relikt [brandmarkte] und verkündete, alle, die in dieser Haltung säßen, hätten sich der Hexerei verschrieben.* (ebd. S. 640)

Lingam-Yoni, indisch, 19. Jahrhundert

Vor-Spiel II

Weibliche Sexualität wird nicht festgelegt auf entweder hetero- oder homosexuelle Bezogenheit, vielmehr als mehrpolige Ganzheit umkreist, was sich auch spontan im persönlichen Erleben spiegelt:

Die ursprüngliche Atmosphäre sapphischer Liebe [in ihren Gedichten an Frauen] ist in den Phantasien fast aller homosexuellen Frauen, mit denen ich gesprochen habe noch heute erhalten. Es gibt in den Auffassungen und Idealen ihrer Liebe eine Gemeinsamkeit mit den Emotionen und Gefühlen der Gedichte Sapphos."

Giebel 1980, S. 145

Im kollektiven Bewusstsein wird Sexualität meist auf ihren konkret-sinnlichen Pol reduziert. Die *Zerstörung der Sinnlichkeit* (Nitzschke 1981) als Begleiterscheinung von Industrialisierung und Technisierung des Lebens bedingt zusätzlich ihre weitere Reduktion auf erotische Technik. Eine derartige Erotik hat an Eros, den Gott der Liebe und kosmogonische Urkraft, kaum mehr Anschluss. So wesentlich der körperlich-sinnliche Pol ist, so bedarf er doch der Verbundenheit mit den weiteren Polen von Sexualität – mit Eros, Transformation und Transzendenz.

Vor-Spiel III

„Wissenschaftliche" Aussagen zu weiblicher Sexualität gibt es seit jeher. In ihnen ist zu erkennen, wie sehr wissenschaftliche Sätze vom jeweiligen Zeitgeist und der *persönlichen Gleichung* (C. G. Jung) des Aussagenden geprägt sind - obgleich weibliche Sexualität zeitlos und über-persönlich ist. Das Erleben von Sexualität ist höchst subjektiv, nicht wirklich quantifizierbar, nie gleichförmig wiederholbar. Hier bewahrheitet sich unübersehbar die Erkenntnis der Quantenphysik, dass der beobachtete Gegenstand nicht unabhängig ist von seinem Beobachter.

Damit wird deutlich, wie inadäquat Theorien zu weiblicher Sexualität sind auf der Basis des konventionellen Wissenschafts-Paradigmas. Beklemmend werden diese, wenn sie zu dogmatischen Festschreibungen führen, wie jener, der weibliche Masochismus sei Vorbedingung dafür, dass Frauen den Geschlechtsverkehr überhaupt genießen könnten. Diese basiert auf der Annahme Freuds, dass sich das heranwachsende Mädchen – aufgrund eines fehlenden Penis' – als ein zweitrangiges Wesen und von Natur aus mit einem verkümmerten Geschlechtsteil – der Klitoris – schlechter ausgestattet erlebe (vgl. Mitscherlich-Nielsen 1975, S. 771).

Weibliche Sexualität scheint es vorzuziehen, in Poesie „zur Sprache zu kommen", in den teils direkten, teils verhüllenden symbolischen Bildern, die ihre Unsagbarkeit umkreisen, ohne sie zu zerstören. Barbara Starrett,

Poetin und Philosophin, antwortet auf die bekannte Frage:

> *Was wollen Frauen?*
> *Nun Doktor, ich werde zufrieden sein mit*
> *Dauernder Ekstase*
> *Und der Fähigkeit sie zu ertragen*
> *…*
> *Dichterisch grübelnde Gesänge*
> *Chtonische Träume …*

Starrett 1978, S. 185

Und dazu das Bild:

> *Der Bogen der Ekstase ein Schiff*
> *Jenseits aller Träume von Schiffen*
> *Doppelt gebugt mit Hera Köpfen*
> *Taumelt in grenzenlose Flut*
> *Bis die See selbst*
> *Sich beugt, gütig.*

Starrett 1978, S. 169

Die Unerschöpflichkeit poetischer Bilder scheint der Unermesslichkeit des Erlebens von weiblicher Sexualität kongenial zu sein. Poesie und Sexualität sind auf ihre je eigene Art kreativ, auch Paradoxien und Widersprüche meisternd:

> *Ich berichte euch nichts,*
> *nichts schreib ich mit bleibendem Griffel,*
> *Und was ein anderer schreibt,*
> *les es der Liebste zuerst.*

Sulpicia, Römerin um Christi Geburt,
in Erdmann 1947, S. 35

Was Sexualität ist, braucht keine Erklärung, denn jedes Kind weiß:

> *Morgens früh um sechs*
> *Kommt die Kleine Hex*

(Die Sechs - aus Zwei x Drei - symbolisiert die Vereinigung / Harmonie von Weiblichem und Männlichem.)

Geheimnis

Statt des Erklärens bedarf das Geheimnisvolle, Intime des sexuellen Erlebens der Achtung – im Wissen, dass es als Persönliches seine Wurzeln sowohl in der Natur, im Spirituellen wie der Entwicklungsgeschichte des Bewusstseins hat, dass es Kollektives und Individuelles schöpferisch verbindet.

Für immer darf ein Geheimnis bleiben, was Philologen zu enträtseln suchten – entzündet an ihrer Gedichtzeile: *Scheinen will mir, er komme gleich den Göttern* (Sappho). Dazu Giebel (1980): *... ob sich Sapphos Eros in körperlicher Hingabe erfüllte oder nicht ... Aus Sapphos Gedichten – das sei mit aller Deutlichkeit festgestellt – lässt sich keine endgültige Klarheit gewinnen.* (S. 88)

Dieses Rätsel erscheint allerdings harmlos angesichts der überwältigenden Macht des Geheimnisses, das im Wesen (weiblicher) Sexualität gründet:

Rätsel

Sie nähert sich mir
überm flachen Land
ich sehe sie nicht und
stemme mich gegen sie an
ich fasse sie nicht und
sie greift in meine Kleider
schiebt mich
treibt mich
hält mich
ich spüre sie nicht und
mir wird heiß und kalt
ich schmecke ihr feuchtes salz
ich riech ihre trockenen kräuter
ich höre sie sausen
ich höre sie grollen
sie nähert sich schnell
ohne Farbe und ohne Gestalt
Bewegung ist sie
sie ist NaturGewalt

Stefan 1980, o. S.

Diese Naturgewalt äußert sich im Getrieben-Sein:

Trieb

Es treiben mich brennende Lebensgewalten,
Gefühle, die ich nicht zügeln kann,
Und Gedanken, die sich zur Form gestalten,
Fallen mich wie Wölfe an!

Ich irre durch duftende Sonnentage...
Und die Nacht erschüttert von meinem Schrei.
Meine Lust stöhnt wie eine Marterklage
Und reisst sich von ihrer Fessel frei.

Und schwebt auf zitternden, schimmernden Schwingen
Dem sonn'gen Thal in den jungen Schoss,
Und läßt sich von jedem Mai'nhauch bezwingen
Und giebt der Natur sich willenlos.

Lasker-Schüler 1992, S. 17

Sie kann zerstörerisch wirken:

Mein Drama

Mit allen duftsüssen Scharlachblumen
Hat er mich gelockt.
...
Gott weine nicht
Und schweige von dem Leid,
Mein Schmerzen soll sich nicht entladen,
Keinen Glauben hab' ich mehr
an Weib und Mann.
Den Faden, der mich hielt mit allem Leben,
Hab' ich der Welt zurückgegeben
Freiwillig!
Aus allen Sphinxgesteinen
wird mein Leiden brennen,
Um alles Blühen lohen,
wie ein dunkler Bann.
...
Lernte meinen Leib, mein Herzblut
und ihn hassen,
Nie so das Evablut kennen
Wie in Dir, Mann!

Lasker-Schüler 1992, S. 42

sexualität

Und sie kann Fieber-Qual mit sich bringen: *Liebe ist Qual - Lieblosigkeit ist Tod* (de Roche-Fouqué)

Fieber

Es weht von Deinen Gärten her der Duft,
Wie trockner Südwind über mein Gesicht.
O, diese heisse Not in meiner Nacht!
Ich trinke die verdorrte Feuerluft
Meiner Brände.

Aus meinem schummerlosen Auge flammt
Ein grelles, ruheloses Licht,
Wie Irrlichtflackern durch die Nacht
Ich weiß, ich bin verdammt
Und fall' aus Himmelshöhen in Deine
Hände.

Lasker-Schüler 1992, S. 27

Aber dennoch die Sehnsucht, ...

Die Sehnsucht spricht
Ich bin Erde unter mir und Himmel über mir
…
In mir steigen und sinken die Wasser
Einer Uralten See
…
Ich spreche aus einem oberen Mund und ei-
nem unteren Mund
Ich kenne ein oberes Gesicht und ein unteres
Gesicht
Ich kenne das Helle
Ich kenne das Dunkle
Die Sehnsucht schweigt

Stefan 1980, o. S.

…
Du verschlingst
Und bringst ans Licht
Weich umspülend
Wirbelnd ziehend
Verebbst unerschöpflich.
Lied der Sehnsucht
Rollt
Von Woge zu Woge.

Rafalski 1983

Komm …
O komm.
Du überm Alltag schwebende,
verzückte Melodie.
O komm.
Ich möchte einmal dich mit Lippen fassen,
eh ich sterbe.
O komm.
Du meine braune Rose. Solche gab es nie.
O komm.
Du samtner Taumund voll unsäglich süßer
Herbe.
O komm.
Grau riesenhafter Turm, der in die Öden floh.
…

Kolmar 1963, S. 61

... die Eros will-kommen heißt:

Eros, süßbittere Biene,
schon stichst du mich wieder –
Unbezwinglicher du,
der du die Glieder uns löst –
…

Sappho in Erdmann 1947, S. 21

Eros, der mit seinem Band vereint, was schmerzlich getrennt ist:

…
Die Wolke grüßt ihren Zwilling,
der Himmel ein Kreis.

Ein Stamm, zwei Kronen jeder Baum.
Dein Leib bin ich, du lächelst dir zu.

Kirsch 1978, S. 112

Eros, der lodernde Feuer entfacht:

Eros

O, ich liebte ihn endlos!
Lag vor seinen Knie'n
Und klagte Eros
Meine Sehnsucht.
…

Nie schürte sich so mein Blut zu Bränden
...
Und alle Sonnen sangen Feuerlieder

Und meine Glieder
Glichen

Irrgewordenen Lilien.

***

Brause Dein Sturmlied Du!
Durch meine Liebe,
Durch mein brennendes All.
...
Und lösche meine Feuersbrunst,
Denn ich ersticke in Flammendunst ....

Lasker-Schüler 1992, S. 32 /33

Und sich in der Transformation des Bisherigen
erfüllt:

meine haut
singt von dir
oh tage der
verwandlung
wo du
den tau
mit blüten
blättern
in meine
poren
senktest

Gewalt und Zärtlichkeit, o. S.

Römisches Nachtbild

Wenn das Schaukelbrett die sieben Hügel
nach oben entführt, gleitet es auch,
von uns beschwert und umschlungen,
ins finstere Wasser,
taucht in den Flußschlamm, bis in unserem
Schoß
die Fische sich sammeln.
...
Es sinken die Hügel,

wir steigen und teilen
jeden Fisch mit der Nacht.

Keiner springt ab.
So gewiß ist's, dass nur die Liebe
und einer den andern erhöht.

Bachmann 1974, S. 119

Nur wenn dieses „Geheimnis" sich öffnet,
wenn Eros' Pfeil von seiner luftigen Dimension
her das Herz trifft, wenn dieses bereit ist, ihn
zu empfangen – kann sich der flüchtige Gott
erfüllen und weibliche Sexualität sich selbst
transzendieren. In ihrer Erfüllung wächst sie
über sich selbst hinaus.

Fehlt dieses Getroffen-Sein, das Wandlung
einleitet, so bleibt Sexualität leer. Julien Puzey
dazu: *Immer, wenn etwas selbst das Ende dar-*
stellt, wird es zur Sucht. Wenn der Sexualakt
selbst das „Ende" wird, wird es schwierig. Wie
jede Sucht wird sie stärker und die Wirkung im-
mer schwächer werden. (LaChapelle 1999, S.
118)

Nur in diesem über sich selbst Hinauswach-
sen kommt paradoxerweise weibliche Sexualität zu ihrer Totalität, im Wissen, das in der
Tiefe der menschlichen Natur *„sich die Gottes-*
liebe mit der menschlichen Liebe vermischt"
(Jung, v. Franz 1980/83, S. 108):

...das Ersehnen der
Totalität
Ihrer
Der Heiligen Liebsten
Laß mich kennen ihre Göttlichkeit
Laß mich trinken aus ihrem Kelch...

Starrett 1978, S. 185

Wiederkehr

Heute Nacht
bist du Sternfrau
vom dunklen Horizont
zu mir herabgestiegen.

Wir tauchen
in ein Meer von Funken.

Rafalski 1983, S. 51

Gianlorenzo Bernini (1598-1680): Die Verzückung der Heiligen Theresa. Santa Maria della Vittoria in Rom

Unmittelbar neben mir sah ich einen Engel in vollkommener körperlicher Gestalt.
Der Engel war eher klein als groß, sehr schön, und sein Antlitz leuchtete in solchem Glanz,
dass er zu jenen Engeln gehören musste, die ganz vom Feuer göttlicher Liebe durchleuchtet
sind; es müssen jene sein, die man Seraphe nennt.

In der Hand des Engels sah ich einen langen goldenen Pfeil mit Feuer an der Spitze.
Es schien mir, als stieße er ihn mehrmals in mein Herz, ich fühlte, wie das Eisen mein
Innerstes durchdrang, und als er ihn herauszog, war mir, als nähme er mein Herz mit,
und ich blieb erfüllt von flammender Liebe zu Gott.

Der Schmerz war so stark, daß ich klagend aufschrie. Doch zugleich empfand ich eine so un-
endliche Süße, daß ich dem Schmerz ewige Dauer wünschte. Es war nicht körperlicher, sondern
seelischer Schmerz, trotzdem er bis zu einem gewissen Grade auch auf den Körper gewirkt hat;
süßeste Liebkosung, die der Seele von Gott werden kann.

Theresa von Avila, Autobiografie

(zit. n. W. Weisbach: Das Barocke als Kunst der Gegenreformation. Berlin 1921, S. 135f.)

Darin führt das mystische Erleben zu der ihr innewohnenden Transzendenz:

Ein Anderes von der Heiligen Maria

O welch ein kostbar Gut ist dieser Jungfrau
Unberührtheit!
Verschlossen war ihre Pforte, als die heilige
Gottheit einströmte in ihre Geweide mit
Feuer,
Also dass eine Blume in ihr wuchs
Und der Sohn Gottes wie eine Morgenröte
trat aus ihrem Geheimsten.

Hildegard von Bingen in
Erdmann 1947, S. 45

Dieses „Zur-Sprache-Kommen" weiblicher Sexualität schließt das mitfühlende Gedenken der unermesslichen Zahl derer, denen Sexualität zum Trauma und Verhängnis wurde, mit ein – wo der Liebespfeil des Eros als eine Waffe von Gewalt und Macht missbraucht wird.

Literatur
Bachmann, I. (1974): Die gestundete Zeit. Anrufung des Großen Bären. Gedichte. München: Piper
Erdmann, V. (1947): Frauenlieder aus drei Jahrtausenden. Stuttgart: Bürger
Gebser, J. (1999): Ursprung und Gegenwart, 1.Teil. Neukirchen: Novalis
Gewalt und Zärtlichkeit. Lesbengedichte von L. Hrsg. im Frauen-Selbstverlag. Berlin o. J.
Giebel, M. (1980): Sappho in Selbstzeugnissen und Bilddokumenten. Reinbek: Rowohlt
Jung, E & v. Franz, M.-L. (1980/83): Die Gralslegende in psychologischer Sicht. Olten u. Freiburg: Walter
Kirsch, S. (1969/1978): Katzenkopfpflaster. Gedichte. München: dtv
Kolmar, G. (1963): Tag und Tierträume. München
LaChapelle, D. (1999): Heilige Erde, Heiliger Sex. Saarbrücken: Neue Erde
Lasker-Schüler, E. (1992, 4. Aufl.): Gedichte 1902 - 1943. München
Mitscherlich-Nielsen, M in: Psyche 9/75, Bd. 54
Rafalski, M. (1983): Epona in den Städten. Basel: Mond-Buch
Nitzschke, B. (1981): Die Zerstörung der Sinnlichkeit. Berlin: Matthes & Seitz
Stefan, V.(1980): Mit Füßen, mit Flügeln. Gedichte und Zeichnungen. Frauenoffensive 1980
Starrett, B. (1978): Ich träume weiblich. Essays und Gedichte. Aus dem Amerikanischen von Susanne Kahn-Ackermann. München
Walker, Barbara (2003): Das geheime Wissen der Frauen. Ein Lexikon von … Engerda: Arun-Verlag.

sexualität

Monika Rafalski
Dipl. Psych., Analytische Psychotherapeutin in freier Praxis im Kreis Schwäbisch Hall; Dozentin, Supervisorin und Lehranalytikerin am C. G. Jung-Institut Stuttgart. Schwerpunkte: Körper-Psyche-Zusammenhang; Körper-Imagination; Orientierungsfunktionen des Ich-Bewusstseins.

Amor vincit omnia (Amor - Liebe - besiegt alles), eines der berühmtesten Bilder Caravaggios (1601/02, Gemäldegalerie Berlin). Es zeigt einen geflügelten Knaben in provozierender Nacktheit, die er lächelnd zur Schau stellt. Er schreitet hinweg über Requisiten der Musik (Laute, Violine, Notenheft), Symbole von Macht und Ruhm (Rüstung, Kronreif, Lorbeerzweig) und Utensilien der Gelehrsamkeit (Winkelmaß, Buch, Federkiel). Er triumphiert über alles, über Kunst, Wissenschaft wie auch über sittlich-moralische Werte. Seine beiden Pfeile stellen die entflammende und die erlöschende Liebe dar.

Der Zauber des Eros

Nach alten mythologischen Vorstellungen der Griechen war es der Gott Eros, der das Leben auf der Welt schuf. Die Erde war noch kahl und leblos, stumm und starr, und Eros schoss seine lebensspendenden Pfeile in die Erde, worauf sie sich mit üppigem Grün bedeckte. Die befruchtenden Pfeile erweckten das Leben, die Freude und die Bewegung.

Mit den Pfeilen trifft er auch Götter und Menschen, die darauf hin von Liebessehnsucht, Wonne und Liebesschmerz heimgesucht werden. Sehn-Sucht ist ein wesentliches Merkmal der Wirkungen des Eros. Die Sehnsucht nach dem geliebten Anderen und die in seiner Gegenwart erlebte Liebeswonne befähigt Menschen zu unglaublichen Leistungen, zum Aushalten von Entbehrungen und Schmerzen, zum Kampf und zur List, zum Leben im Verborgenen und in der Illegalität.

Eros symbolisiert aber nicht nur die Sehnsucht nach dem Geliebten oder der Geliebten, nicht nur sexuelle Kraft der Fortpflanzung, er ist auch eine Energie, die sich in der Sehnsucht und in dem glühenden Verlangen nach dem edlen und höheren Leben, dem Lebendigen, Schönen, Wahren und Guten, wie auch nach Selbst-Verwirklichung manifestiert. Er zeigt sich deshalb auch besonders in der Freude, in der Begeisterung, in der Leidenschaft für die Kunst, die Philosophie und die Wissenschaft wie für alle Dinge, die wir mit dem ganzen Herzen tun.

Körperliche Liebe im Alter

Hans Jellouschek

Sexuelles Interesse und sexuelle Aktivität bei älteren Paaren

Im Durchschnitt leben heute die Menschen länger als in früheren Zeiten und erfreuen sich dabei besserer Gesundheit. Aus diesem Grund ist auch das Zusammenleben von Paaren – trotz der hohen Scheidungsraten – im Durchschnitt von längerer Dauer als früher, und so gibt es immer mehr Paare jenseits der Sechzig. Wie steht es bei denen mit der körperlichen Liebe? Dazu möchte ich hier ein paar Erfahrungen aus der therapeutischen Arbeit mitteilen. Ich bringe diese in Zusammenhang mit wissenschaftlichen Erkenntnissen aus den letzten Jahren, die mir vor allem von Kirsten von Sydow in einem Vortrag und mehreren ihrer Veröffentlichungen zugänglich wurden. Auf sie beziehe ich mich im Folgenden, ohne mich jedes Mal im Einzelnen darauf zu berufen.

Ganz allgemein und für alle Paare gilt: Mit fortschreitender Beziehungsdauer nehmen sexuelles Interesse und sexuelle Aktivitäten ab. Das heißt aber keineswegs, dass sie verschwinden. Sexuelles Interesse bleibt bei den meisten Menschen bis ins hohe Alter bestehen, bei den Männern im Durchschnitt etwas deutlicher ausgeprägt als bei den Frauen.

Dafür spielt eine wichtige Rolle, dass wir, was die der sexuellen Erfüllung zugemessene Bedeutung angeht, seit den Neunzigerjahren des vergangenen Jahrhunderts in eine neue Phase eingetreten sind. Während die sexuelle Erfüllung gegenüber der Dauerhaftigkeit der Beziehung bis in die Siebzigerjahre im Hintergrund stand, drängte sie sich in der sog. sexuellen

Foto: Fotolia refresh(PIX)

Revolution der Siebziger- und Achtzigerjahre stark in den Vordergrund. Auf Dauerhaftigkeit der Beziehung wurde sehr viel weniger Wert gelegt. Unter anderem aufgrund der oftmals hohen emotionalen Scheidungskosten veränderte sich das: Man legte Wert auf sexuelle Erfüllung und zugleich auf die Dauerhaftigkeit der Beziehung. Da Paare jenseits der 60 dieser Gruppe zuzurechnen sind, ist das wohl ein wichtiger Faktor für das andauernde sexuelle Interesse dieser Altersgruppe und spielt eine Rolle auch bei deren sexuellen Problemen.

Altersbedingte Einflussfaktoren

Als Erstes sollen hier ein paar Gedanken darüber geäußert werden, mit welchen – trotz des im Durchschnitt guten Allgemeinzustands – dennoch einschränkenden Einflussfaktoren bei der körperlichen Liebe in diesem Alter zu rechnen ist.

Körperliche Einflussfaktoren

Auch bei ungebrochener Lust auf Sexualität erleben Männer häufig, dass ihre Erektion schwächer geworden ist und sich langsamer als früher festigt. Das beeinträchtigt nicht selten ihr männliches Selbstwertgefühl, vor allem dann, wenn sie an ihren Frauen erleben, dass diese nach der hormonellen Umstellung der Wechseljahre wieder erregbarer sind, mehr Lust auf Sex haben und mit gestärktem Selbstbewusstsein darauf zugehen.

Außerdem kommt es bei Männern dieser Altersgruppe auch vermehrt vor, dass durch bestimmte Erkrankungen eine Erektion überhaupt nicht mehr möglich ist: zum Beispiel nach einer Prostata-Operation oder durch Erkrankung an Altersdiabetes. Dies kann dann für die Frauen, vor allem, wenn sie durch ihre körperliche Entwicklung gerade wieder mehr Lust haben, zum Problem werden, was sie allerdings in dieser Altersgruppe mehrheitlich mit Rücksicht auf ihre Männer nicht offen äußern, um sie nicht bloßzustellen.

Körperliche Beeinträchtigungen bei der Frau dieser Altersgruppe können sein, dass sie, weil die Haut an Vulva und Vagina dünner geworden ist, empfindlicher reagiert. Auch wird sie im Unterschied zu früher in der Scheide nicht mehr feucht genug, das Eindringen des Penis tut darum weh, und sie reagiert spontan mit Abwehr darauf.

Gesellschaftliche Einflussfaktoren

Trotz des nach wie vor bestehenden sexuellen Interesses wird diese Altersgruppe häufig noch von einem gesellschaftlichen Tabu beeinflusst: Sex in diesem Alter ...!? Und darüber auch noch sprechen ...!?

In soziologischen Untersuchungen zeigt sich, dass es zwei Drittel aller Paare dieser Altersstufe vermeiden, von sich aus das Thema Sexualität in der Therapie anzusprechen, was wohl auf derartige, aus vorausgehenden Generationen „ererbten" Tabuisierungen zurückzuführen ist.

Außerdem scheint mir eine Beobachtung von K. v. Sydow von nicht geringer Bedeutung zu sein: Als weibliches Schönheitsideal für die Männer gilt in unserer Gesellschaft das *junge sexy Mädchen*. Dem entspricht für die Frauen auf männlicher Seite der *knackige junge Kerl*. Dazu gibt es aber auch noch den **Herrn mit den grauen Schläfen** als männliches Schönheitsideal. Ältere Männer können für Frauen also immer noch als attraktiv gelten, aber ältere Frauen für Männer? Für sie gibt es kein Pendant zum *Herrn mit den grauen Schläfen*! Sicherlich beeinflusst das auch das jeweilige Selbstbewusstsein erotischer Attraktivität.

Damit zusammen hängt ein weiterer gesellschaftlicher Nachteil für Frauen: Es gibt für den älteren Mann auch immer noch mehr Frauen als mögliche Partnerinnen als für die ältere Frau mögliche Männer. Denn der Mann schaut nach jüngeren Frauen, die Frau in der Regel nach älteren Männern. Deren Zahl ist aber altersbedingt geringer und nimmt immer weiter ab. Dies beeinträchtigt – ob bewusst oder unbewusst – das erotische Selbstbewusstsein so mancher älteren Frau: Ihr Schicksal ist es, im Ernstfall allein zu bleiben, während es für den Mann immer noch weitere Möglichkeiten gibt ....

Beziehungsbedingte Einflussfaktoren

Paare in diesem Alter haben in der Mehrzahl mehrere Jahrzehnte gemeinsamen Lebens hinter sich. Dies kann hinsichtlich der Entwicklung einer gemeinsamen erotisch-sexuellen Beziehungskultur sehr verschiedene, auch beeinträchtigende Folgen haben, denen wir uns jetzt zuwenden.

Paare dieses Alters mit Kindern haben Zeiten hinter sich, in denen unendlich viel zu tun war: berufliches Engagement, Aufbau und Sicherung der gemeinsamen Existenz, Sorge und Einsatz für die Kinder und deren Wohlergehen! Dies hat nicht selten zur Folge, dass die Pflege der Sexualität mehr und mehr in den Hintergrund trat und schließlich regelrecht vergessen wurde.

Die Zeiten zwischen sexuellen Begegnungen wurden immer länger, die Initiativen dazu immer weniger oder einseitiger, und in der Folge schliefen sie ganz ein. Dadurch aber entstand eine immer höhere Schwelle, diesen Missstand anzusprechen. Mit Ausnahme von besonderen Gelegenheiten, wie im Urlaub, beginnt man als sex-loses Paar miteinander zu leben: als kooperatives Arbeitsteam, als verantwortliches Elternpaar; beim „Liebes-Paar" ist Fehlanzeige ....

Eine andere Folge der vorausgegangenen stressigen Familienphase ist oft, dass man einander in dieser Zeit verletzt hat, meist nicht aus bewusst bösem Willen, viel öfter aus Unachtsamkeit oder Fehleinschätzung der Situation. Wenn der Verletzte klagt, fühlt sich der andere darum nicht schuldig und redet sich heraus. Die Verletzung schwelt dadurch weiter und entfremdet das Paar auf der emotionalen Ebene voneinander, was im sexuellen Bereich oft zu wachsender Abstinenz beiträgt.

Schließlich – und in gewissem Sinn gerade gegenteilig – kann sich als „Liebestöter" erweisen, wenn Paare im Laufe der Jahre immer mehr *ein Herz und eine Seele* geworden sind. Das klingt zwar schön, aber zu viel Harmonie schadet der lebendigen Sexualität ebenfalls – das erkennen in letzter Zeit Sexualtherapeuten immer klarer. Es braucht zur Erhaltung der Lebendigkeit in der Sexualität eine profilierte Autonomie beider Partner. Die hat es aber bei manchen Paaren entweder nie gegeben, oder sie wurde im Interesse der Gemeinsamkeit und Harmonie immer mehr aufgegeben. Auch das kann zum Ersterben sexueller Aktivität zwischen den Partnern beigetragen haben.

Therapeutische Hilfestellungen

Damit die Tabuisierung durchbrochen und die Sexualität in Beratung/Therapie thematisiert werden kann, brauchen Paare in diesem Alter in besonderem Maß zwei Dinge vom Therapeuten: sehr viel Verständnis für ihre diesbezügliche Lebenssituation, so wie sie oben unter verschiedenen Aspekten verdeutlicht wurde, und zugleich offenes Ansprechen des Themas. Verständnis schafft emotionale Sicherheit und Öffnung auch der geheimeren Seelenbereiche. Ausdrückliches Ansprechen und Fragen nach sexuellen Problemen ermutigt das Paar, ebenfalls offene Worte zu sprechen.

Wie hilfreich es ist, wenn der Therapeut die Dinge klar beim Namen nennt, zeigt sich vor allem bei den körperlichen Einflussfaktoren. Wenn der Therapeut sie deutlich anspricht, stellt er damit den Paaren eine Sprache zur Verfügung und gibt ihnen die Erlaubnis, was sie beschäftigt auch ebenso offen zu benennen. Allein die dadurch entstehende Klarheit ist bereits ein wichtiger therapeutischer Effekt, weil sie Mitgefühl und Verständnis der Partner füreinander weckt.

Genauso offen sollte in der Therapie auch über die Anwendung von Hilfsmitteln gesprochen werden: Hat der Mann schon Erfahrungen mit Potenzmitteln wie Viagra, Cialis etc. gemacht? Kennt die Frau wirksame und angenehme Feuchtigkeitscremes? Weiß sie, wie die zu beschaffen sind? Und wie kann man die eventuell sogar anregend ins Liebesspiel einbauen? Wenn man in früheren Jahren Derartiges nie gebraucht hat, kann es sein, dass hier große Ahnungslosigkeit herrscht – und auch Tabus aufgerichtet sind, die es erst zu überwinden gilt.

Sexuell entwöhnten Paaren kann es auch sehr hilfreich sein, wenn sie vom Therapeuten angeregt werden, „es einfach wieder zu tun" – und dies am besten so, dass sie bestimmte Zeiten und Orte dafür konkret vereinbaren. Paare in diesem Alter haben meist ja an sich wieder ausreichend Zeit und auch ungestörte Orte dafür. Aber sie haben sich das „Tun" abgewöhnt.

Mit so eindeutigen Vereinbarungen über Zeit und Ort der sexuellen Begegnung werden die Unsicherheiten überwunden, wer es anspricht, wer es initiiert, wo und wie es wieder stattfinden soll usw.

Solche Vereinbarungen sind freilich zu früh, wenn sich herausstellt, dass ungelöste Paarprobleme der Vergangenheit die sexuelle Abstinenz verursacht haben. Dann muss man sich allerdings zuerst deren Lösung zuwenden. Fast immer handelt es sich dabei – jedenfalls auch – um alte Verletzungen, die einer dem andern nicht verziehen hat.

sexualität

Diese müssen jetzt wieder zum Thema gemacht werden.

Der manchmal große zeitliche Abstand dazu und die interessierten Fragen des Therapeuten machen es möglich, einander für die damalige Situation, in der die Verletzung geschehen ist, mehr Verständnis entgegenzubringen und nicht mehr in den alten Vorwurf-Verteidigungs-Zirkel zu geraten. Auch ein vom Therapeuten durch vorgegebene Worte und Gesten angeleitetes Versöhnungs-Ritual kann entscheidende Schritte zu neuer Intimität des Paares einleiten, die im weiteren Verlauf auch die Wiederaufnahme sexueller Begegnung ermöglicht.

Sollte bei einem Paar „zu viel Harmonie" als Ursache der sexuellen Inaktivität identifizierbar sein, gilt hier, was für alle Paare dieser Altersphase wichtig ist: Jeder der Partner muss auch in diesem Alter seine Autonomie pflegen, und das heißt hier sehr oft vor allem, einen neuen Sinn im eigenen individuellen Leben finden. In dieser Phase fällt ja vieles weg, was früher dem Leben Sinn gab: das Engagement im Beruf, für die Kindererziehung und die Sicherung der Existenz. Diese Lücke muss neu gefüllt werden, die physischen, geistigen und psychischen Fähigkeiten sind ja meist dafür noch voll vorhanden.

Es braucht oft auch für das Paar ein neues gemeinsames Drittes, das ihr weiteres Zusammenleben als sinnvoll erscheinen lässt und ermöglicht, neue Seiten an sich und dem Partner zu entdecken, wie zum Beispiel durch ein ehrenamtliches Engagement in einem Verein für ein wichtiges soziales Anliegen. Diese neue Sinngebung stärkt die Autonomie der beiden Partner und lässt sie ihre lähmende Harmonie überwinden, was auch für den Aufbau einer neuen erotischen Beziehungskultur nützlich sein kann.

Überhaupt zum Stichwort „Aufbau einer neuen erotischen Beziehungskultur": Dies scheint mir das übergeordnete Ziel für ältere Paare mit erstorbener sexueller Beziehung zu sein. Die altersbedingte Abschwächung der Intensität des sexuellen Interesses und des sexuellen Erlebens enthält hier sogar die Chance zu einem neuen, einem ganzheitlicheren und darum genussvolleren erotischen Erleben der Partner. Steifheit des Penis, gleichzeitiger Orgasmus, leidenschaftliche Ekstase: Wenn das in den Hintergrund tritt, eröffnen sich vielerlei neue und bisher ungewohnte Möglichkeiten: Man kann zum Beispiel, wenn bei einem selbst „nichts los" ist, den anderen zum Orgasmus bringen und sich daran freuen, man kann sich selbst befriedigen unter den liebevollen Augen und der zärtlichen Umarmung des anderen und dergleichen mehr, oder man kann einfach die erotische Berührung von Haut zu Haut genießen und dabei verweilen. So befreien sich Paare von einengenden Konventionen, erkunden Neues und erfreuen sich am vielleicht leiseren, aber dafür länger andauernden und umfassenderen erotischen Genuss.

Schließlich sollten wir, wenn es in Beratung und Therapie um die körperliche Liebe der Alten geht, vor allem eines nicht vergessen: Ob mit oder ohne Sexualität – wir Menschen suchen und brauchen alle – mit fortschreitendem Alter immer dringlicher – körperliche Zärtlichkeit. Den Partner nah bei sich und „handgreiflich" zu spüren, vermittelt das Gefühl, auf der letzten Wegstrecke des Lebens einen vertrauten Menschen bei sich zu haben und nicht dabei allein zu sein.

Literatur:
Sydow, K. von (1994): Die Lust auf Liebe bei älteren Menschen (2. Aufl.). München: Ernst Reinhardt
Sydow, K. von (2009): Sexuelle Probleme im höheren Lebensalter – die weibliche Perspektive. In: E. Brähler (Hrsg.), Sexualität und Partnerschaft im Alter (S. 65-86). Gießen: Psychosozial
Sydow, K. von (2013): Sexualität und Älterwerden. In: Sielert, U. & Schmidt, R.-B. (S. 408-422). Weinheim: Beltz Juventa
Jellouschek, H. (2012): Wenn Paare älter werden. Die Liebe neu entdecken (2. Aufl.). Freiburg: Herder

Hans Jellouscheck
Lic. phil., Dr. theol., Jg. 1939, Lehrtherapeut für Transaktionsanalyse (DGTA), Paartherapeut, Coach; tätig in der Fortbildung im Bereich Paartherapie und Coaching; zahlreiche Veröffentlichungen zu Paar- und Männerthemen.

Sexualität in Träumen

Sexuelle Symbolik als Ausdruck seelischer Transformation

Konstantin Rößler

Der unterschiedliche Begriff von Sexualität steht für die auch persönlich äußerst schmerzvolle Trennung C. G. Jungs von Sigmund Freud im Jahre 1912. Den Ausgangspunkt dieser Zäsur bildete C. G. Jungs Schrift *Wandlungen und Symbole der Libido* (1911), in der er seinen eigenen Libidobegriff entwickelte, der sich fundamental von dem seines Lehrers unterschied, indem hier Sexualität nur als eine unter vielen Erscheinungsformen seelischer Energie verstanden wurde.

Später arbeite C. G. Jung dieses Konzept in *Über die Energetik der Seele* (1928) analog zum Energiebegriff der klassischen Physik aus, dem die Vorstellung einer prinzipiellen Wandelbarkeit des Ausdrucks seelischer Energie in verschiedenster Gestalt zugrunde liegt, von denen die Sexualität nur eine darstellt.

Diese Differenz zu Sigmund Freud bedeutete zugleich eine tiefe Spaltung und eine von vielen, an denen die Historie der Psychoanalyse reich ist. Zugleich steht sie Pate bei der Geburt der Analytischen Psychologie C. G. Jungs, die für ihn mit einer schwerwiegenden Lebenskrise einherging und einer völlig neuen Richtung der für ihn bis dahin sich abzeichnenden Bahn.

Auch Alfred Adlers Bruch mit Freud, der sich kurze Zeit zuvor (1911) vollzogen hatte, entzündete sich an einer unterschiedlichen Auffassung des Triebkonzepts, in dem er der Sexualität nicht mehr das Primat unter den Trieben zuerkennen wollte, wie Freud es postuliert hatte.

Es ist bezeichnend, dass gerade der Sexualität in den Auseinandersetzungen der damals noch jungen psychoanalytischen Bewegung eine derartige Sprengkraft und zentrale Rolle zukommt. Eine Erinnerung an diese Tatsachen aus der Vergangenheit der Psychoanalyse kann ein Beitrag dazu sein, die revolutionäre und umstürzlerische Rolle der Sexualität nicht aus den Augen zu verlieren und damit die alten Abgrenzungsbemühungen der Analytischen Psychologie gegenüber den Konzepten des Mainstreams der klassischen Psychoanalyse nicht zu wiederholen. Eine Tendenz in dieser Richtung ist zu erkennen, wenn sexuelle Inhalte in therapeutischen Beziehungen, in Träumen, Bildern oder Imaginationen zuweilen vorschnell oder aber vereinseitigend auf einer rein symbolischen Ebene interpretiert und auf

> WANDLUNGEN UND SYMBOLE
> DER LIBIDO
>
> BEITRÄGE ZUR ENTWICKLUNGSGESCHICHTE
> DES DENKENS
>
> VON
>
> C. G. JUNG
>
> DRITTE AUFLAGE
>
> LEIPZIG UND WIEN
> FRANZ DEUTICKE
> 1938

den Aspekt einer coniunctio oppositorum reduziert werden.

Das wäre an sich nicht verkehrt, beinhaltet jedoch das Risiko eines domestizierenden Verständnisses, das die instinkthafte, unbewusste und archetypische Sprengkraft, die der Sexualität innewohnt, entschärft, indem es den sicherlich immer auch vorhandenen symbolischen Aspekt der Gegensatzvereinigung darin betont.

In seiner Schrift *Theoretische Überlegungen zum Wesen des Psychischen* führt C. G. Jung eine bildhafte Analogie aus der Physik ein, um die Polarität zwischen Trieb und Geist zu veranschaulichen. Er bezieht sich auf das Spektrum des Lichts, das für den Menschen sichtbare Anteile besitzt, aber auch unsichtbare am langwelligen infraroten Pol und ebenso unsichtbare am kurzwelligen ultravioletten Ende. In diesem Bild entsprechen die sichtbaren Frequenzen dem bewusstseinsfähigen Anteil der Psyche. Der infrarote Pol dagegen steht für einen an sich unanschaulichen und daher unbewussten, triebhaften Anteil der Seele und der ultraviolette für einen ebenfalls unanschaulichen und unbewussten geistigen Bereich. In diesem Spannungsfeld zwischen Trieb und Geist, die in ihrem Wesen dem Unbewussten angehören, entwickelt sich das Bewusstsein. Die beiden Pole aber gehören nach seiner Vorstellung wesenhaft zueinander:

Archetypus und Instinkt bilden die denkbar größten Gegensätze, wie man unschwer erkennen kann, wenn man einen Menschen, der unter der Herrschaft des Triebes steht, mit einem vergleicht, welcher vom Geist ergriffen ist. Aber wie zwischen allen Gegensätzen eine so enge Beziehung besteht, daß eine Position ohne entsprechende Negation weder gefunden noch gedacht werden kann, so gilt auch hier der Satz: „Les extrêmes se touchent."
Jung 1985, § 406

Wenn daher sexuelle Inhalte in den Behandlungen gedeutet, also im Licht des Bewusstseins betrachtet werden, sollten wir uns darum bemühen, die Mitte des Spektrums zu halten und der Triebseite ebenso Beachtung zu schenken wie der geistigen, um uns dem archetypischen Gehalt anzunähern.

Die Träume aus der nun skizzierten, tiefenpsychologischen Behandlung illustrieren, wie das Auftauchen sexuell gefärbter Inhalte den Umbruch in der vorherrschenden Bewusstseinshaltung begleitet und markiert. Nicht Sexualität als Teil des gelebten Lebens, sondern ihr symbolischer Gehalt mit seiner störenden, irritierenden und tabubrechenden Dynamik ist es hier, der zunächst die Umleitung des innerseelischen Energiestroms und die Wandlung der Libido im Dienst des Individuationsprozesses anzeigt.

Herr K., Mitte 30, kam zur Behandlung wegen seiner Gereiztheit, die seiner Frau und den Freunden aufgefallen sei, und wegen quälender Zwangsgedanken und -handlungen, die sein Leben zunehmend zu ersticken drohten. Musste er das Haus verlassen, war es nötig, alle Wasserhähne und elektrischen Geräte zu kontrollieren, und war er unterwegs oder bei der Arbeit, quälten ihn Befürchtungen, zu Hause könnte es eine Überschwemmung oder einen Kabelbrand geben. Urlaube wurden zur Belastung, weil die Ängste, es könne zu Hause ein Unglück geschehen, wenn er zwei Wochen abwesend war, übergroß wurden. Gerade in diesen Zeiten, wo er hätte loslassen können, wuchs die innere Anspannung enorm.

Vor kurzem Vater eines kleinen Sohnes geworden, beängstigte ihn aber vor allem sein aggressives Fahrverhalten mit hohen Geschwindigkeiten auf der Autobahn, das er nicht einmal abstellen konnte, wenn sein Kind mit im Wagen saß. Er wisse zwar, dass er beim Fahren alles im Griff habe, spüre aber auch, dass er bis an die Grenze des Kontrollierbaren ginge. Ebenso lebte er in ständiger Sorge, er könne einen Fehler machen, der zu seiner Entlassung führe, sodass er als Ernährer der Familie versagt habe, oder dass seine Vorgesetzten, die er zugleich fürchtet, spürten, welche abwertenden Gedanken er über sie habe.

Seine Kindheit hatte er in traumatisierender Atmosphäre verbracht. Die beruflich viel beschäftigten Eltern führten eine konfliktreiche Ehe, die von permanenten Außenbeziehungen des Vaters belastet war, der diese auch öffentlich machte und sich damit brüstete. Es kam zu wiederholten Trennungen und Wiedervereinigungen der Eltern und Suizidversuchen der Mutter.

An die ersten zehn Jahre seines Lebens hat Herr K. nur wenige und sehr verschwommene Erinnerungen. Darunter tauchen immer wieder Szenen auf, wie der mächtige Vater ihn abwertet oder vom Familientisch vertreibt. Die Schilderungen wirken wie aus einer fernen, fremden Welt, in der er kaum anwesend war, als habe er diese Zeit in einem dissoziativen Zustand verbracht.

Als Nachkömmling und jüngstes von fünf Geschwistern galt er bis weit in die Schulzeit hinein als zurückgeblieben und als der „kleine Dumme", und es wurde diskutiert, ob er die Sonderschule besuchen sollte. Erst in der Hauptschule sei er „aufgewacht" und habe sich gesagt, „was meine Geschwister können, kann ich auch". Zu diesem Zeitpunkt entdeckte er seine weit überdurchschnittliche intellektuelle Begabung, wechselte auf das Gymnasium, absolvierte ein sehr anspruchsvolles, naturwissenschaftliches Studium und promovierte schließlich.

Doch bereits während des Studiums stellten sich Ängste und Zwänge ein, die er zunächst mit einem „wilden Leben" und viel Alkohol bekämpfte, um schließlich eine erste Psychotherapie zu beginnen, in der die Träume bereits eine große Rolle spielten. Die Symptome beruhigten sich, er ging eine feste Beziehung ein, heiratete und begann eine sehr erfolgreiche berufliche Tätigkeit. Mit der Vaterschaft fingen die quälenden Ängste jedoch an, wieder stärker zu werden, bis es nicht mehr weiterzugehen schien.

Die zahlreichen Träume sind anfangs geprägt von Aggressionen, die gegen ihn gerichtet sind oder von ihm ausgehen oder aber einfach in der Traumsymbolik enthalten sind: Maschinen, die drohen zu explodieren und alles zu verstrahlen, ein brennendes Flugzeug, abbrechende Klippen. Wie Sisyphos muss er dort Lasten einen Berg hinaufbefördern, wird dabei noch behindert, rutscht ab. Oder es gibt Verfolgungen durch wilde Tiere, Soldaten, Verbrecher und Polizisten. Immer droht eine Gefahr und oft steht alles auf der Kippe. Mit der Zeit gehen die sehr komplexen Traumgeschichten aber häufig auch gerade noch einmal gut aus. Schließlich wird ein Wolf im Traum sogar zum freundlichen Begleiter.

Ab diesem Zeitpunkt treten immer wieder verstreut Träume mit sexuellen Inhalten auf: *Ich begegne einer Frau, die ziemlich genau meinen Traumvorstellungen entspricht und vor mir steht und mich anlacht.*

Oder: *Es ging wieder um das Thema Frauen. Eine Frau saß an einer Bar und rief mich, ich solle mich neben sie setzen, um Frauen kennenzulernen. Irgendwann musste ich auf die Toilette. Das war dann ein Badezimmer. Irgendwann war ich nackt, eine andere Frau kam, und es gefiel ihr, mich zu sehen.*

Diese Träume sind nun ganz anders als die bisherigen, sie erzählen keine ganzen Geschichten mehr, oft sind es nur Erinnerungen an einzelne Traumbilder von unbekannten Frauen und die Atmosphäre ist nicht mehr geprägt von Zerstörung, Verfolgung und Gefahr, sondern erotisch aufgeladen. Das ist sehr verstörend für Herrn K. Hatten ihm die früheren Traumerlebnisse tiefe Angst eingejagt, waren diese neuen nun zwar unheimlich, aber nicht mehr bedrohlich, und zugleich übten sie eine große Anziehungskraft aus.

In der Behandlung setzt sich Herr K. zu dieser Zeit intensiv mit seinem eigenen zwiespältigen Verhältnis zur Macht auseinander, und es wird deutlich, wie die Vaterschaft seinen eigenen Vater-Komplex aktiviert hat, in dem der Vater als „Monster" erscheint, der alle beherrscht, benutzt und über die Bedürfnisse der anderen hinweggeht.

In unbewusster Identifikation mit diesem Vater-Komplex besteht die tiefe Angst, seinem Sohn gegenüber selbst so aggressiv und destruktiv zu erscheinen, wie der Vater es ihm gegenüber war. Alle aggressiven und autonomen Impulse, die auch dazu dienen könnten, seine eigenen Wünsche zu äußern und einzufordern, sind sozusagen kontaminiert mit diesem Vaterbild. Wirklich autonom zu werden, ist daher

sexualität

gleichsam wie bei einem Fluch im Märchen damit belegt, dass er zu seinem eigenen schreckenerregenden Vater-Bild werden könnte. Das kraftvolle, aggressive und progressive Potenzial Herrn K.s wird dadurch in den Schatten abgedrängt, aus dem es ausbrechen will und sich indirekt in Gestalt der Zwänge bemerkbar macht.

Mit den sexuellen Träumen tritt nun aber eine Wandlung in der bewussten Haltung zu den eigenen aggressiven Anteilen ein, die von einer krisenhaften Zuspitzung sowohl der Angstsymptomatik als auch der Beziehung zur Ehefrau begleitet wird. Für einen Moment scheint alles auf der Kippe zu stehen und tatsächlich droht die Gefahr, dass die Ehe auseinanderbricht.

Es wird deutlich, wie sich die innere Dynamik, die sich in der sexualisierten Symbolik der Begegnung mit einer Animafigur im Traum zeigte, nun in den realen Beziehungen im Außen manifestiert. Mit der neuen Ebene zur eigenen Animaseite, die noch nicht verstanden wurde, kommt es auch zu einer grundlegenden Wandlung in der gelebten Beziehung zur Ehefrau, die das Risiko eines Bruchs beinhaltet.

Diese Krise beginnt sich aufzulösen, indem Herr K. nun wagt, deutlich zu sagen, was ihm gefällt und was nicht. Das führt zu einer neuen Begegnung des Paares, die auch in einer reicheren Sexualität Ausdruck findet.

Begleitet wird dieses Geschehen von folgendem Traum: *Ich bin mit einem guten Freund von mir unterwegs. Irgendwie sind wir auf der Suche nach Frauen. Wir kamen an einem Zimmer vorbei wie in einem Bordell. Eine nackte Frau bietet sich an. Das wollen wir nicht, ist uns zu schmuddelig. Wir gehen dann weiter. Wie man sich halt so ein Bordell vorstellt. [...] dann ist es dort aber wie im Frankfurter Flughafen und dort sind nun gar keine Frauen mehr, sondern Flüchtlinge, lauter Männer. Wir haben Angst, dass wir angepöbelt werden.*

Dann ist da ein alter Mann mit langen weißen Haaren. Der fällt mich an. Er ist auch sehr kräftig. Ich schaffe es, mich zu befreien. Und schon fällt er sofort über meinen Freund her. Der schafft es nicht, sich zu befreien. Ich helfe ihm und ziehe den alten Mann an seinen lan-

gen weißen Haaren, bis er von meinem Freund ablässt. Und dann ist die Aggression vorbei. Ich sage zu dem alten Mann: „Du gehörst doch überhaupt nicht hierher. Du bist doch kräftig, gesund und gut ausgebildet".

Über eine wiederum sexuell und erotisch aufgeladene Eingangsatmosphäre gelangen die beiden Freunde im Traum in einen seelischen Schattenbereich, in dem die zahlreichen abgewerteten Anteile in Gestalt der *Flüchtlinge* untergebracht sind.

Dort treffen sie auf den offensichtlich mit dem Vater-Komplex in Verbindung stehenden alten Mann. Der Kampf und der Sieg über ihn führen zu der Erkenntnis, dass dieses alte Bild überwunden werden und einem neuen Selbstverständnis weichen muss: *kräftig, gesund und gut ausgebildet.*

Subjektstufig lässt sich die gewaltsame Überwindung des Vater-Komplexes verstehen als eine Integration der eigenen aggressiven und autonomen Fähigkeiten, die nun kein Schattendasein als *Flüchtlinge* mehr führen müssen. Der Ausgangspunkt für diese Wandlung ist aber eine sexuell verführerische Situation, die durchlaufen werden muss, um zum neuen Ziel zu gelangen.

Warum ist nun aber ausgerechnet eine sexualisierte Atmosphäre, die zwar schon häufiger aufgetreten war, sich jedoch in diesem Traum zum ersten Mal in eine komplexe Geschichte integriert hat, aus Sicht der innerseelischen Dynamik notwendig? Warum betont die Animaseite des Träumers gerade diesen Aspekt immer wieder so deutlich und könnten die seelischen Energien, die hier in Fluss geraten sind, nicht auch eine ganz andere Form annehmen?

Dies hat sicherlich damit zu tun, dass gerade in der Sexualität eine revolutionäre, normüberschreitende, tabubrechende Kraft enthalten ist. Das hohe Energiepotenzial, das ihr eigen ist, macht sie auch nach der Auffassung C. G. Jungs zum *Wortführer der Triebe.*

Unter allen Erscheinungsformen der Libido ist sie diejenige, die *am allermeisten und am eindrücklichsten mit den moralischen Ansichten kollidiert* .

Jung 1985, §105

Eugène Delacroix – Die Freiheit führt das Volk (1830) (www.wikimedia.org)

Ihr kommt damit eine zentrale Rolle in der Regulation der Beziehung zwischen Unbewusstem und Bewusstsein zu als eine archaische und zugleich archetypische Kraft, die gemäß C. G. Jungs Vorstellung von den Instinkten, im infraroten Bereich des psychischen Spektrums verortet, den Gegenpol zu den bewussten Anteilen bildet:

Zu viel Tier entstellt den Kulturmenschen,
zu viel Kultur schafft kranke Tiere.

Jung 1971, §32

Sind diese bewussten Anteile zu einseitig und starr geworden, ist die Sexualität sicherlich eine der energetisch am stärksten aufgeladenen Erscheinungsformen der Libido, die auch in der Lage ist, die aufgestauten affektiven Impulse wieder in Fluss zu bringen. Diese anti-hierarchische und gegen die herrschende Bewusstseinsnorm gerichtete Rolle der Sexualität ist tief im kollektiven Unbewussten verankert und manifestiert sich in unterschiedlichster Form, wie sich an verschiedenen Beispielen aus Geschichte, Kultur und Kunst zeigen lässt.

Die entblößte Brust der Marianne auf dem zum Emblem der Französischen Revolution gewordenen Gemälde von Eugène Delacroix steht für die Befreiung von der alten Herrschaft, die zwar auf politischer Ebene erfolgt, aber doch mit Hilfe der sexuellen Symbolik betont wird, sodass beim Betrachten des Bildes unmittelbar klar wird, worum es geht, nämlich nicht um Erotik, sondern um Freiheit.

Richard Wagner komponierte in das Liebes-Duett von Tristan und Isolde im zweiten Akt der Oper angeblich mehrere Orgasmen hinein, und es ist der Vollzug der Sexualität, der das neue Bewusstsein einer unsterblichen Liebe im Tod unabweisbar im Bewusstsein manifestiert:

> *„[…] ohne Nennen, ohne Trennen,*
> *neu Erkennen, neu Entbrennen […]."*
>
> Wagner 2003, S. 69

Dieser Bruch mit den geltenden Regeln führt zur Ahndung durch die Herrschenden und zum Tod des Liebespaares. In Stanley Kubricks *Eyes Wide Shut*, der auf Arthur Schnitzlers *Traumnovelle* beruht, folgt der Arzt Bill Harford seiner unbefriedigten sexuellen Neugier und gerät in die Schattenwelt einer sadomasochistisch ritualisierten Sexualität, die unter der Schicht bürgerlicher Angepasstheit existiert und ihn an den Rand des Todes führt. Diese Begegnung lässt ihn mit verändertem Bewusstsein in sein früheres Leben zurückkehren. Mit seiner Frau Alice beginnt nun nach früheren Zweifeln und Eifersucht eine neue, tiefere Verbindung, in der beide beschließen „wach" zu bleiben. Es ist auch Alice Harford, die den Bogen schließt zwischen dem geistigen Pol der Bewusstseinserneuerung und der Triebseite mit dem Schlusssatz des Films: „We need to fuck."

Die Liste ließe sich lange fortführen, doch wird schon an den wenigen Beispielen deutlich, wie der Sexualität im kollektiven Kontext, wie auch im individuellen der geschilderten Fallgeschichte, eine gegen das herrschende Bewusstsein gerichtete Funktion zukommt, die dem neuen Bewusstsein die Bahn bricht.

Doch ist die Sexualität noch nicht das Neue selbst, sie ist nur diejenige Erscheinungsform der Libido, die dorthin führt. Diese Erfahrung lässt sich auch anhand der Geschichte der Psychoanalyse nachvollziehen, in der die Entdeckung einer neuen, seelischen Dimension von Sexualität durch Sigmund Freud gegen die herrschende Meinung der damaligen Wissenschaft eine völlig neuartige Perspektive ermöglichte. Und wiederum war es die Thematik der Sexualität, die für Freuds Schüler auf der Ebene einer geistigen Auseinandersetzung zum Anlass wurde, das schon wieder vorherrschende Bewusstsein innerhalb der noch jungen Psychoanalyse zu überwinden und eigene, ganz neue Konzepte zu entwickeln.

Der Sexualität kommt somit eine nicht un-, aber amoralische und anarchische Rolle zu, die sich gegen das jeweils herrschende Bewusstsein richtet. Als Teil des Eros-Archetyps stiftet sie eine die Gegensätze vereinigende Kraft, die auf die Überwindung des Alten und die Schaffung des Neuen ausgerichtet ist.

Und dieses Potenzial kann sich sowohl im Bereich des Triebpols als vollzogener Sexualakt als auch ganz auf geistiger Ebene in der Auseinandersetzung um Theorien entfalten, ganz im Sinne von C. G. Jungs Charakterisierung: *Les extrêmes se touchent.*

Literatur

Jung, C. G. (1971): Über die Psychologie des Unbewußten. GW 7. Zürich und Düsseldorf: Walter

Jung, C. G. (1985): Theoretische Überlegungen zum Wesen des Psychischen. GW 8. Zürich und Düsseldorf: Walter

Jung, C. G. (1985): Über die Energetik der Seele. GW 8. Zürich und Düsseldorf: Walter

Wagner, Richard (2003): Tristan und Isolde. Stuttgart: Reclam

Konstantin Rößler
Dr. med., geb. 1965, Facharzt für Innere Medizin, Psychoanalytiker in eigener Praxis, Dozent am C.G. Jung-Institut in Stuttgart. Interessenschwerpunkte: Analytische Psychologie und Grenzgebiete; Synchronizität, Jung-Pauli-Dialog.

Emanzipation durch Eros und Sexualität in Arthur Schnitzlers „Traumnovelle"

Irene Berkenbusch

Der Autor und sein Werk

Arthur Schnitzler war Arzt, Schriftsteller und vor allem ein großer Liebhaber der Frauen. 1862 als Sohn eines damals bereits bekannten jüdischen Arztes und seiner Ehefrau Louise Markbreiter in Wien geboren, trat er zunächst in die Fußstapfen seines Vaters, wurde Laryngologe wie er, besaß aber schon früh eine starke Neigung zur Literatur und zu Frauen, die in seinem Leben immer eine zentrale Rolle spielten. Das Gebiet der Erotik war ihm somit ein vertrautes Terrain. Aber darüber hinaus erwies er sich auch als ein feinsinniger Menschenbeobachter und Kenner der menschlichen Seele. Somit stellt die Traumnovelle - neben der erotischen Thematik – reichhaltig Stoff für tiefenpsychologische Betrachtungen bereit.

Bestätigt wurde das bereits von keinem Geringeren als seinem berühmten Zeitgenossen Sigmund Freud, der in seinem Geburtstagsbrief vom 14. Mai 1922 an Schnitzler Folgendes schreibt:

(...) Ihr Ergriffensein von den Wahrheiten des Unbewussten, von der Triebnatur des Menschen, Ihre Zersetzung der kulturell-konventionellen Sicherheiten, das Haften Ihrer Gedanken an der Polarität von Lieben und Sterben, das alles berührte mich mit einer unheimlichen Vertrautheit. So habe ich den Eindruck gewonnen, dass Sie durch Intuition - eigentlich aber infolge feiner Selbstwahrnehmung – alles das wissen, was ich in mühseliger Arbeit an anderen Menschen aufgedeckt habe. Ja ich glaube, im Grunde Ihres Wesens sind Sie ein psychologischer Tiefenforscher, so ehrlich und unparteiisch und unerschrocken wie nur je einer war.

Freud 1960, S. 249 f .

Arthur Schnitzler (1862 - 1931)

Schnitzler selbst äußert sich allerdings der Psychoanalyse gegenüber zurückhaltend. In einem Brief an Theodor Reik, einem Freud-Schüler, schreibt er:

Über mein Unbewusstes, mein halb Bewusstes weiß ich noch immer mehr als Sie, und nach dem Dunkel der Seele gehen mehr Wege, ich fühle es immer stärker, als die Psychoanalytiker sich träumen (und traumdeuten) lassen

Schnitzler 1967, S. 35 f.

Schnitzler geht es um die Vorgänge im Inneren der Seele, er hat einen scharfen Blick für die Wahrheiten des Unbewussten und das „fluktuierende Zwischenland" (vgl. Schnitzler 1967, S. 455) zwischen Bewusstem und Unbewusstem einer Persönlichkeit. Ähnlich wie Freud deckt Arthur Schnitzler die gesellschaftlichen

Johann Heinrich Fuessli (1741-1825): Der Nachtmahr, Detroit Institute of Arts (www.wikimedia.org)

Tabus der damaligen Zeit auf, wie Sexualität, eheliche Untreue, Tod, Verletzung von Ehrenkodices, die scheinbar geordnete bürgerliche Welt der österreichisch-ungarischen Monarchie, unter der es aber gewaltig brodelt.

Nach dem Tod des Vaters 1893 gab Schnitzler seine medizinische Tätigkeit an der Wiener Poliklinik auf, betrieb zwar noch mehrere Jahre lang eine Privatpraxis, widmete sich aber mehr und mehr seiner schriftstellerischen Tätigkeit. Die Stadt Wien ist Schauplatz fast aller seiner Romane, Erzählungen und Theaterstücke.

In den neunziger Jahren wurde Schnitzler Mitglied des „Jungen Wien", der neuen literarischen Avantgarde in Österreich (Wiener Moderne), wozu unter anderem auch Hugo von Hofmannsthal, Karl Kraus und Robert Musil gehörten. Aus großbürgerlichem, assimiliert-jüdischem Haus stammend, hatte Schnitzler Kontakt mit den intellektuellen Kreisen Wiens, lernte durch seine ausgeprägte Schwäche für Frauen auch Angehörige des Kleinbürgertums und der Arbeiterschaft kennen. Somit war ihm das Wien der Jahrhundertwende aus eigener Anschauung in all seinen sozialen, politischen und ideologischen Ausprägungen vertraut.

Dafür ist Schnitzlers Erzählung *Traumnovelle*, die er 1925 nach vierjährigem Schaffensprozess fertigstellte, ein lebendiges Zeugnis.

Bis heute gehört sie zu seinen Meisterwerken, die er noch nach dem Ende des Ersten Weltkriegs und dem Untergang der Donaumonarchie vollendet hat.

Zur Handlung der Erzählung

Ihr Gegenstand ist die Ehekrise zwischen Fridolin und Albertine, deren Ehe durch gegenseitige Entfremdung und erotisch-sexuelle Begierden, die der jeweilige Partner nicht zu stillen vermag, ernsthaft gefährdet ist. Beide haben das Gefühl, etwas versäumt zu haben, was ihnen die Ehe nicht mehr bieten kann. Sie versuchen das Versäumte nachzuholen, die Frau in einem wirklichkeitsnahen Traum, der Mann in einer traumhaften Wirklichkeit.

Fridolin, Laryngologe an der Wiener Poliklinik, und seine Ehefrau Albertine leben als gutbürgerliches Ehepaar mit ihrer sechsjährigen

Tochter im Wien der Jahrhundertwende ein scheinbar harmonisches, sorgenfreies Leben. Es ist aber nur eine vermeintliche Sicherheit. Irritationen treten ein, als sie sich nach einem am Vorabend gemeinsam verbrachten Maskenball, der bei beiden alte erotische Wünsche anderen Partnern gegenüber wieder in Erinnerung brachte, einander ihre geheimen Sehnsüchte eingestehen. Zwischen den Zeilen wird bei beiden das Bedauern darüber deutlich, die erotischen Wünsche damals nicht ausgelebt zu haben, was inzwischen auf die Brüchigkeit ihrer ehelichen Beziehung schließen und latente Konflikte deutlich werden lässt.

Fridolin, der zunächst zu einem sterbenden Patienten gerufen wird und vorläufig nicht nach Hause zurückkehrt, verliert sich in den nächtlichen Straßen Wiens und begegnet dabei verschiedenen Frauen, deren erotischen Avancen er aber aus Mangel an Mut oder vermeintlicher Treue Albertine gegenüber nicht nachkommt.

Schließlich trifft er auf einen alten Studienfreund, der ihn mehr oder weniger gegen seinen Willen in eine Geheimgesellschaft hineinschleust, in der erotisch-sexuelle Orgien mit entsprechenden Ritualen gefeiert werden. Alle Teilnehmenden tragen Masken und Kostüme, eine Bedingung, der sich auch Fridolin vor dem Einlass unterziehen musste.

Für die später einsetzenden wollüstigen Tänze streifen die Frauen ihre Kleider ab, die Männer tragen festliche Gewänder, alle bleiben jedoch maskiert. Die surrealistische Verfremdung der Wirklichkeit nimmt zu, zugleich die schwüle Todesdrohung und die begehrliche Lüsternheit – der Sog des Unheimlichen wächst (vgl. Schrimpf 1977, S. 224).

Bald erblickt Fridolin eine ausnehmend schöne, ihn faszinierende Frau, der er sich aber nicht nähern kann, da er als unrechtmäßiger Eindringling erkannt wird, dem das Loswort des Abends fehlt. Daraufhin bedroht man ihn mit der Todesstrafe. Eros und Tod sind im Laufe der Handlung fortwährend konstelliert.

Die unbekannte Schöne ist sofort bereit, sich für ihn zu opfern, sodass Fridolin der Gesellschaft verwiesen und in einer verschlossenen Kutsche in die Stadt zurückgebracht wird. Entschlossen, die Unbekannte wiederzufinden, kehrt er nach Hause zurück, wo er Albertine aus einem aufwühlenden Traum weckt. Sie berichtet ihm von sexuellen Massenorgien im Traum und dass sie sich einem anderen hingegeben habe, während sie ruhig und voller Spott zusah, wie Fridolin sich für seine Treue zu ihr opfernd, gekreuzigt wurde.

Begleitet von wechselnden Gefühlen zwischen Hass und Zärtlichkeit für seine Frau, verlässt Fridolin das Haus, um die Unbekannte der letzten Nacht zu finden. Nachdem er erfährt, dass sie wahrscheinlich die Tote ist, die sich inzwischen in der Pathologie befindet, eilt er dorthin, um sich in bewegender Weise von ihr zu verabschieden, ohne sie jedoch wirklich identifiziert zu haben.

Nach Hause zurückgekehrt, findet er Albertine erneut schlafend vor und entdeckt auf seinem Kopfkissen, von seiner Frau dort deponiert, seine Maske von der Teilnahme an der Geheimgesellschaft, die ihm zu Hause entfallen sein musste.

Die Maske als Zeichen des Wissens und gleichzeitig des Verzeihens seiner Frau bewegt Fridolin zu Tränen und führt dazu, nun seinerseits Albertine über seine Erlebnisse der letzten Nacht zu berichten. Es geht ihm jetzt nicht mehr um Rache an seiner Frau, sondern darum, mit dem Erlebten nicht länger allein zu bleiben.

Beide erkennen ihre jeweiligen Erlebnisse, ihre Träume und Fantasien als Teil ihrer selbst und ihrer Beziehung und können somit vorläufig ein versöhnliches Ende finden, sodass Albertine sagen kann, sie sollten *dem Schicksal dankbar sein, (…) dass (sie) aus allen Abenteuern heil davongekommen sind – aus den wirklichen und aus den geträumten* (vgl. Traumnovelle S. 96 f.).

Eros und Sexualität – Bedeutung für die Protagonisten

Das Geheimnisvolle dieser Novelle rührt von der Entdeckungsreise ins Selbst her, die Fridolin und Albertine unabhängig voneinander unternehmen und dabei in die Tiefen ihrer Psyche vorstoßen. Fridolin durch seine traumähnliche Reise durch das nächtliche Wien, Albertine durch ihre Reise ins Unbewusste durch ihren Traum.

Somit geschieht ihnen beiden unabhängig voneinander so etwas wie eine Nachtmeerfahrt. Die Nacht symbolisiert für beide die Gefährdung durch das Unbewusste, wobei Fridolin im Gegensatz zu Albertine zunächst wenig Zugang dazu hat. Beide aber durchleben auf einer Traumebene eine Nacht, in der sie ihre bisher unterdrückten erotischen Fantasien ausleben.

Das Verhalten Fridolins, der allen Versuchungen standhält und in seiner Treue zu Albertine möglicherweise vom Leser geschätzt wird, erhält durch Albertine eine harsche Abwertung. Das zeigt die bereits angedeutete Schlussszene ihres Traumes, in der Fridolin, vor die Wahl gestellt, durch die Heirat einer jungen Landesherrin selbst Landesfürst oder gefoltert und getötet zu werden, sich ungeachtet der Todesdrohung für die Treue zu seiner Frau entscheidet.

Obwohl sich Albertine im Grunde wünscht, dass ihr Ehemann *auf alle Gefahr hin und in alle Ewigkeit die Treue halten kann* (Traumnovelle, S. 65), wechselt sie von der Rolle der Ehefrau in die der Frau, die den Mann gerade in seiner Rolle als treuer Ehemann verachtet (vgl. Kim 2007, S. 223).

Die nun folgende Szene, in der Fridolin gefoltert, geschlagen und gekreuzigt wird, wirkt grausam und abstoßend auf den Leser, ruft aber bei Albertine umso mehr Hohn und Spott ihrem Ehemann gegenüber hervor. Sie, die in ihrem Traum hemmungslos und unzensiert, frei von aller Konvention, Sexualität und Sinnenlust ausgelebt hat, kann ihrem Partner gegenüber nur noch Aggression empfinden, der sich nicht als der erhoffte Märchenprinz, sondern als ein im Innersten schwacher Mann erwiesen hat (vgl. Scheffel 2006, S. 112).

Das zeigt bereits die Szene zu Beginn ihrer Verlobungszeit, von der Albertine berichtet, sie habe sich gewünscht, nicht *jungfräulich deine Gattin* zu werden (vgl. Traumnovelle, S. 12), sondern schon vor der Ehe von Fridolin genommen worden zu sein, während Fridolin, den bürgerlichen Konventionen folgend, dazu der Mut gefehlt habe.

Selbst jetzt noch im Traum erscheint Albertine ein Bild von einer tief unter ihr liegenden Stadt, die *von einer hohen Mauer umgeben, (und) längst und für immer versunken (ist)* (vgl. Traumnovelle, S. 62), ein sprechendes Sinnbild ihrer sie einengenden Ehe.

Fridolin seinerseits versucht, die verschiedenen Begegnungen der Nacht als Bewährungsproben für seinen Mut und seine Männlichkeit zu erleben, scheitert aber dabei.

Schlussszenario: Eros als liebevolle Beziehung

Nicht nur Fridolin, auch Albertine lebt sexuelle Ausschweifungen nicht in der Realität aus, sondern nur in ihrem Traum, der sich anders als Fridolins Abenteuer den sozialen Zwängen gänzlich zu entziehen scheint (vgl. Kim 2007, S. 220), sodass sich ihre sexuellen Wünsche zumindest im Traum erfüllen und sie am Ende sagen kann, dass die *Wirklichkeit einer Nacht (...) zugleich auch (ihre) innerste Wahrheit* bedeutet (vgl. Traumnovelle, S. 97).

Für Albertine bedeutet die nicht an einen Partner exklusiv gebundene Sexualität Emanzipation und eine bisher verwehrte Möglichkeit der Selbstentfaltung und Gleichberechtigung. Sicher ist dies im Kontext der damaligen gesellschaftlichen Wirklichkeit des bürgerlichen fin-de-siècle in Wien zu sehen, erscheint gleichzeitig aber auch als sehr modern.

Laut der Soziologin Eva Illouz haben sich Frauen infolge neuer Gebote, Lust und Gleichheit zu leben, die serielle Sexualität als emanzipierten Lebensstil angeeignet (vgl. Illouz 2012, S. 199). Dies taten sie, indem sie auf die durch dieses Mittel erlangte männliche Macht reagierten und diese nachahmten (vgl. ebd. S. 199).

Diese Feststellungen charakterisieren auch Albertines Verhalten. Die Integration des Animus an dieser Stelle? Allerdings - und das zeigt letztlich auch Albertines Prägung durch die herrschende Moral und das gesellschaftliche Rollenverständnis von Mann und Frau - erkennt sie in dem ihr im Traum erscheinenden leidenschaftlichen Liebespartner Fridolin, wenn sie ihm gegenüber äußert: *Du nahmst mich (und) „liebtest mich sehr* (vgl. Traumnovelle, S. 61).

Daraus geht hervor, dass so selbstbewusst sie sich im Gespräch mit ihrem Mann am Anfang der Erzählung auch weigerte, als Objekt männlichen Begehrens in die passive Rolle gedrängt zu werden, sie doch bereits auf diese Rolle fixiert ist (vgl. Kim 2007, S. 221). Auch dem entspricht Eva Illouz´ Feststellung, dass die weibliche serielle Sexualität letztlich einer ausschließlichkeitsorientierten Sexualität untersteht (vgl. (vgl. Illouz 2012, S. 201).

Aber durch die sexuellen Fantasien konnte die Seele doch erleben, was in der äußeren Realität nicht Tatsache werden durfte. Die Novelle von Schnitzler lässt möglicherweise eine Unterscheidung von Sexus und Eros erkennen, nämlich dass das Ausleben sexueller Lust zur Befreiung und Emanzipation vor allem der Frau führt, aber – durch die Begegnung mit der Anima - auch des Mannes, während der Eros eher eine zärtliche Beziehung meint.

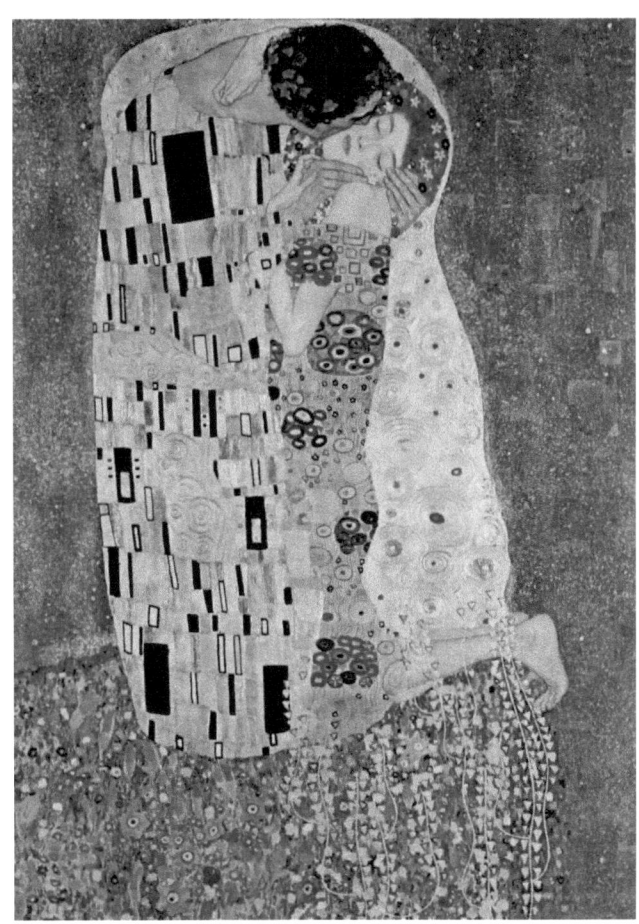

Gustav Klimt (1862-1918): Der Kuss, Österreichische Galerie Belvedere (www.wikimedia.org)

Diese Auffassung könnte der Schluss der Novelle nahelegen. Denn die gegenseitige Entdeckung ihrer nächtlichen Erlebnisse endet in einer Versöhnung auf der Basis zärtlicher Zuwendung und liebevoller Bestätigung ihrer Beziehung. Verantwortlich dafür ist vor allem Albertines Initiative und Souveränität. Entscheidend für ihre neu gewonnene Nähe ist vor allem die Erfahrung beider Protagonisten, dass die Bindung an den Partner zwar nicht der Natur all ihrer sexuellen Wünsche und Begierden, wohl aber ihren individuellen seelischen Bedürfnissen entspricht (vgl. Scheffel 2006, S. 115).

Damit wird zutreffend ausgedrückt, was für Jung der wesentliche Kern des Eros bedeutet, verstand er darunter doch in erster Linie das Prinzip der Lebendigkeit und Bezogen-

heit. Eros ist bei Jung vor allem durch das verbindende Element und das Fehlen von Macht charakterisiert (vgl. Jung GW 9/2, § 29). Somit könnte der Eros beide Partner motivieren, nunmehr ihre ausschweifenden Fantasien der Nacht mit in die Ehe hineinzunehmen und sie in ihr zu verwirklichen.

Das eigentlich Gefährdende, und das erkennen beide, sind nicht die untergründigen geheimen Sehnsüchte, sondern gefährlich ist, das, was sich im Unbewussten abspielt, nicht wahrzunehmen. Immer wieder mit dem Unbewussten in Kontakt zu kommen, ermöglicht die Lebendigkeit in der Beziehung.

Und selbst wenn vor allem Albertine der von Fridolin postulierten nun für immer währenden neuen Beziehung Skepsis entgegenbringt, vertrauen beide in diesem Augenblick doch einer auf Treue ausgerichteten Erotik. Der dem

Dunkel der Traumnacht mit einem sieghaften Lichtstrahl (vgl. Traumnovelle, S. 97) neu heraufziehende Tag bestätigt dies.

Wie sehr der Text auch heute noch psychologisch bedeutsam und inhaltlich aktuell ist, zeigt die gelungene Verfilmung der Erzählung von Stanley Kubrick (1999) mit dem Titel *Eyes Wide Shut* mit Nicole Kidman und Tom Cruise.

Nach der Lektüre des Textes ist die Betrachtung des Films unbedingt zu empfehlen.

Literatur

Schnitzler, A. (2006): Traumnovelle. Reclam, Stuttgart

Fiedl, K. (2005): Arthur Schnitzler. Stuttgart

Freud, S. (1960): Briefe, ed. Ernst L. Freud. Frankfurt

Illouz, E. (2013): Warum Liebe weh tut. Eine soziologische Erklärung. Berlin

Jung, C. G. (1988, 6. Aufl.): Gesammelte Werke 9/2. Olten und Freiburg

Kim, H-J u. Saße, G. (Hg. 2007): Interpretationen. Arthur Schnitzler Dramen und Erzählungen. Stuttgart

Reik, Theodor (1993): Arthur Schnitzler als Psychologe. Frankfurt a. Main

Scheffel, Michael (2006): Nachwort zur Traumnovelle. Stuttgart

Schrimpf, Hans Joachim (1977): Arthur Schnitzlers Traumnovelle. Aus: H. J. Schrimpf: Der Schriftsteller als öffentliche Person. Von Lessing bis Hochhuth. Berlin

Irene Berkenbusch-Erbe

Dr. phil., Analytische Psychologin (DGAP, IAAP), Dozentin und Lehranalytikerin am ISAP Zürich, Dozentin am C.G.Jung-Institut Stuttgart; Arbeit in freier Praxis in Ludwigshafen a. Rhein; Veröffentlichungen auf psychologischem und literarischem Gebiet.

Für Sie gesehen

Nicole Kidman und Tom Cruise in Eyes Wide Shut. 1999

Stanley Kubrick 1999
mit Tom Cruise,
Nicole Kidmann

Hans-Dieter Knoll

sexualität

sinn in der Welt sagt, er wisse es nicht, er habe die *ängstliche Hoffnung, der Sinn werde überwiegen und die Schlacht ge-winnen* (Jung, Erinnerung, Träume, Ge-danken. Zürich 1971, S. 360), dann ist da-mit eine Aussage gemacht, die – wie bei ihm nicht anders möglich – den Zwiespalt der kollektiven und individuellen Seelen meint und seine Einschätzung ist durch-aus nicht so optimistisch.

So ist der Film auch eine große Frage an das Verhältnis von Liebe und Tod, von Liebe und Sexualität bzw. Trieb, von Liebe und Destruk-tivität, von Liebe und Entsetzen etc., und es scheint immer die Liebe zu sein, die als kleine Flamme den großen todesnahen Kräften ent-gegen steht und immer dabei die bange Frage ,ob sie nicht viel zu klein ist.

Was ist die Liebe? Was ist Sehnsucht, wo-hin strebt sie, was sucht sie? Was braucht der Mensch? Was befriedigt ihn, was sucht er? Wie lassen sich die Grundbedürfnisse des Menschen in einer entfremdeten Welt noch be-friedigen? Dies sind aus der Grundfrage abge-leitete Fragen.

Die erste Einstellung des Films führt gleich zum Thema: Die Frau lässt die Hüllen fallen. Es geht um Nacktheit und Sexualität. Dies ist einerseits paradigmatisch zu verstehen, an-dererseits deuten sich darin zentrale Polaritä-ten an: von Schatten und Persona, Natur und Geist, Trieb und Vernunft. Die weitere Szene zeigt nächtlichen Straßenverkehr ...

Augen weit geschlossen, ein Titel, den der Film mehr als wahr macht. Ob man die Augen vor Schreck aufreißt oder schließt, um nicht in die Abgründe zu schauen, wir kommen nicht darum herum, dass der Film unter die Haut geht, uns betroffen macht. So bleibt nichts übrig, als sich mit weit geschlossenen Augen zu stellen. Ebenso unter die Haut geht die Vor-lage des tief in die menschlichen Seelengründe hinein auf die Suche gehenden Arthur Schnitz-ler, von der sich der Film nicht weit entfernt.

Die zentrale Frage des Films zielt auf das Phänomen des unaufhebbaren Zwiespalts in seiner Seele, der z. B. bei Schelling sogar als Abgrund und Zerrissenheit Gottes gese-hen wird, also als Polarität im zentralen Ar-chetyp des Selbst. Diese Spannung zwischen widerstrebenden Seiten ist es wohl auch, die im Endeffekt verantwortlich ist für die globa-len und sozialen Probleme unsrer Welt, für die unlösbar erscheinenden Konflikte, für Kriege, Destruktivität, Vernichtung.

Wenn Jung am Ende seines Lebens als Re-flexion über das Gewicht von Sinn und Un-

Dann wird wird eine zärtliche, schon Verschleißphänomene zeigende, aber noch intakte Beziehung eines jungen Paares vorgeführt. Die Ehe des Arztes Dr. William Harford und seiner Frau Alice ist einerseits bestimmt durch Idealisierung und Familienromantik, andererseits durch Etikette und gesellschaftlich angemessenes Verhalten. Diese Personawelt verstärkt sich bei der Weihnachtsparty, die das Paar dann besucht.

Sie: *Kennst du irgendjemanden hier?* Er: *Keine Menschenseele.* Es geht hier offenbar nur um den Kick des Dazugehörens, um narzisstisches Showbusiness, aber scheint doch auch normale Upper-Class.

Gleichzeitig lebt viel verborgene Sehnsucht unter all dem. Die Familie ist noch das Ideal, aber ständig gefährdet. Alice hat den Verdacht, dass William mit zwei Mädchen geschlafen hat und lüstern sei auf seine Patientinnen. Misstrauen wächst. William fragt nach ihrem Tanz mit dem grauschläfrigen ungarischen Dandy, gespielt von Sky du Mont: *Was hat er gewollt?* Sie: *Was er gewollt hat? Sex und zwar sofort.*

Der Ungar geht schnell über die Schamgrenze und nimmt sie damit in seinen Bann. Ovid kommt ins Spiel. *Sind sie heute in Begleitung hier? Haben Sie schon die Skulpturen gesehen? Was spricht für eine Frau dafür, verheiratet sein zu wollen, wenn ihr sämtliche Männer im Saal zu Füßen liegen?* Auch ihm liegen Frauen zu Füßen.

Bei der Party treffen sich auch der Erfolgsmediziner und der ehemalige Studienkollege, ein gescheitertes Genie und mittelmäßiger Barpianist. William: *Wieso hast du nur das Handtuch geworfen?* Er: *Oh, das kommt gut, ich tu das dauernd.* Er stellt mit seiner Existenz die wohlsortierte Welt des Arztes in Frage, ist Repräsentant einer ganz anderen, dunklen, undurchschaubaren, ungeregelten Welt.

Nebenan nimmt eine offensichtlich vom Gastgeber engagierte nackte Prostituierte Snowballs, eine Mischung aus Heroin und Cocain. Er muss sie reanimieren - er soll wohl als Mensch seine Tiefenschichten reanimieren. Über seine moralische Entrüstung verlacht ihn der Gastgeber: ein unverbesserlicher Naiver.

Langsam aber sicher kippt die Etikette. Dicht unter der anständigen Fassade kommen triebhafte Schichten zum Vorschein, vielleicht verbirgt dieses Triebhafte wiederum ganz andere Sehnsüchte.

Nun fängt die Fantasie an, Kapriolen zu schlagen – Was wäre, wenn, wenn nicht oder wenn doch? Alice wirft William vor, dass er noch nie eifersüchtig war. Die eigenen Bedürfnisse und die Misstrauensfantasien vermischen sich. Ein ständiges Wechselspiel von Bedürfnis und Projektion. Das langsame Kippen des Idylls findet in der weihnachtlichen Wohnung statt, in die nun aber die Krankenwagensirene von draußen hinein warnt.

Am nächsten Tag zeigt Alice sich ihm, bekennt ihre Fantasien mit dem Marineoffizier, den sie im Urlaub kennengelernt hatte: *Ich hätte sofort ohne zu überlegen einfach alles aufgegeben – für eine Nacht mit diesem Mann. Und im gleichen Augenblick – und das hat mich so durcheinander gebracht - warst du mir so nah wie nie.*

Dies wirft eine zentrale Frage auf: Warum, mit welchem Ziel, welchem Traum folgend hätte sie alles aufgegeben? Und es bringt auch ihn ganz offensichtlich aus dem Kozept: Die Geschichte mit dem Marineoffizier verfolgt ihn nun, einerseits macht sie Angst, andrerseits aber weckt sie Begierden.

Mitten in das Bekenntnis kommt die Nachricht vom Tod des Vaters einer Bekannten. Liebe und Tod – im Film immer nah beieinander. William verlässt das Haus.

Der Ehemann und Erfolgsmensch wird nun ein Ratloser und Verwirrter, gerät aus der geraden Bahn. Über den Pianisten bekommt er Zugang zu einem dionysischen Kult, einem Ring der Eingeweihten; die Szenerie gemahnt an de Sade oder Tempelprostitution, eben die Anderswelt des Dionysischen. Der Pianist stellt so die geordnete Existenz des Arztes in Frage, wird zum Führer in eine ganz andere, dunkle, undurchschaubare und chaotische Welt.

In diesem Kult erfolgt auf Verstoß gegen Regeln der Tod, alles ist in strenge Rituale und Zugangskriterien gefasst. Zugleich ist aber Sexualität der alleinige Inhalt, und sie wird mystisch überhöht. Die Männer sind mit dunklen Umhängen verkleidet, die Frauen außer ihrer Maske schließlich nackt.

Der Sexus überlagert allmählich alles, taucht in allem auf, scheint sich aber von allem Zusammenhang auch zu lösen, vor allem von der Liebe und damit alles zu überschwemmen. Es ist die Faszination des letzten Abenteuers. Alles ist sexualisiert und chaotisch – überall geht es um Sex oder besser um ein eigenartiges Gemisch aus sexuellen Begierden, Tabubruch, Grenzüberschreitung und Sehnsüchten nach Geborgenheit und Ankunft. Diese tiefen und letzten Sehnsüchte sind legiert mit der Sexualität.

Kulissenartig finden wir als Kontrast immer wieder die Relikte der heilen Familie – es ist Weihnachten, überall sehen wir künstliche Weihnachtsbäume. Das schöne in Restbeständen – es zeigt eine untergehende Romantik – Residualzustände.

Eine (animahafte?) Unbekannte opfert sich für ihn, der als Regelverletzer erkannt und vom Tode bedroht ist. Damit ist er verwickelt, verwoben, gerät in den Kreislauf der Schuld. Aus erotisiertem Spiel wird tödlicher Ernst. Der Protagonist gerät nun zunehmend in Verwirrung, weiß nicht mehr was los ist, was stimmt, schwankt zwischen Neugier und Entsetzen über die Zustände, aber auch über seine eigene Seele. Er macht sich auch Gedanken über seine Sexualität.

Für ihn ist die Begegnung mit dieser Welt wie eine unausweichliche Initiation ins Reich der Triebe. Je mehr die Gesellschaft ihn raus halten will, desto mehr will er die Grenzen überschreiten, je mehr er gewarnt wird, desto mehr will er wissen: die Herausforderung durch den plötzlichen Ernst.

Ein Dominostein im Spiel ist die Prostituierte, aber sie ist verschwunden, sei HIV-positiv. Wieder ist der Tod in der Nähe. Es ist überhaupt so, dass für das endgültige sexuelle Erlebnis der Tod riskiert wird. Eine Freundin informiert ihn – auch da ist wieder Menschliches spürbar.

Ihm wird tags darauf bewusst, dass sie tot ist, geopfert oder jedenfalls auf mysteriöse Weise gestorben. Er sucht sie in der Pathologie und findet sie. Die umgekehrte Begegnung der Gesichter ist wie der Blick in die Anderswelt. Eine Straßendirne hat sich für ihn geopfert – jene, die trotz geschäftsmäßigem Sex doch eine wirkliche kleine Liebesflamme entzündet.

Als er heim kommt, in die inzwischen fragil gewordene heile Welt, schließt er sorgfältig die Wohnungstür hinter sich, schützt den restverbliebenen scheinbaren Schutzraum.

Er erlebt dann jedoch seine endgültige Erschütterung als er erkennt, dass seine Frau von dem Abenteuer weiß, denn er findet seine Maske auf dem Kissen. Wieder Rätsel, wie hat sie es erfahren, was weiß sie, oder war sie selbst auch dort?

Das Aufreißen der Abgründe zwischen den Eheleuten führt zur Kulmination, zur Entscheidung, scheint dann aber auch der Schlüssel zur Rückkehr zum Leben und zur Liebe. Sie sind auf den schmalsten Grat ihrer Beziehung geraten, lösen es aber mit der Entscheidung, nun miteinander ins Bett zu gehen, eine Begegnung auf weisere, auf illusionslosere, aber auf gegründetere Art als bislang. Es ist dies, mythologisch ausgedrückt, auch die Verwandlung der auf den Wiesen tanzenden Kore in Persephone, die Herrscherin der Unterwelt.

Nach einer dramatischen Nacht der Eröffnungen und der Konfrontation mit der inneren Realität kommt nun am Schluss eine Wende. Sie: *Helena wacht bald auf, sie erwartet, dass wir heute Weihnachtseinkäufe mit ihr machen.* Die Tochter wird symbolisch zum Mittler zwischen der erschreckenden Wirklichkeit der Seelen und der dennoch lebendigen Liebe. Es läuft zwischen den beiden hindurch, als schaffe es die Verbindung. Das Kind ist auch das innere Kind, das wieder erwachen und zurückgewonnen werden soll.

Und nun kommen die programmatischen Mitteilungen Kubricks im Dialog des Paares, die wohl auch sein eigentliches Vermächtnis in diesem letzten Film darstellen.

Dass wir dankbar sein sollten dafür, dass es uns beiden gelungen ist herauszukommen aus

unseren Abenteuern – ob sie nun real waren oder geträumt.
- Was ist Wirklichkeit und was ist Traum?
- Die Hauptsache ist, dass wir jetzt wach sind und es hoffentlich noch lange Zeit bleiben.
- Für immer!
- Ob für immer, kann niemand sagen.

Dies meint auch ein Bewusstsein haben von dem was geschieht und geschehen ist, zu wissen, wer man selber auch in der Erfahrung seiner Grenzen und Abgründe ist, auch zu wissen, wer der andere wirklich ist. Das Ende der Ära eines Lebens mit *eyes wide shut*.
Was sucht der Mensch in der Liebe und in der Sexualität. Auch im Rausch? Er sucht wohl die endgültige Erfüllung in einer mystischen Erfahrung einer geahnten Ganzheit (entsprechend der platonischen Kugelmensch-Parabel), aber teils weiß er es nicht, teils hat er Angst davor, dass es dieses nicht geben könnte.

Deshalb bleibt er immer auf der unteren Fährte, lebt die endlose Vorlust, die alles verspricht und doch nirgends ankommt. Welche Rolle spielt bei dieser Spaltung das Doppelleben, das viele Menschen in der Fantasie oder der Realität leben? Was muss im Menschen unter der Oberfläche bleiben und wo gerät es hin, wenn die Gesellschaft es in das Schattenreich abdrängt, welches Leben führt es dort und mit welchen Folgen?

Um dies zu herauszufinden, müssen auch die Grenzen berührt, überschritten werden. Die Schatten zu erleben und zu erkennen, bedeutet elementare Wandlung. So sind die beiden nach der Erfahrung der eigenen Abgründe andere geworden: Wissende.

Sie leben nun nicht mehr mit einer Harmonielüge, sondern haben eine Entscheidung auf der Basis tiefer Erkenntnis getroffen. Dies eigentlich ist Moral, Ethik: Die Abgründe kennen und in ihrem Angesicht die Entscheidung treffen. Solche Moral folgt der Ethik des Selbst, nicht der äußeren Norm, die immer nur zum Überschreiten reizt, weil das Überschreiten erst den Aneignungsprozess einleitet und ermöglicht. *Wir kommen immer wieder vorn an Grenzen, sie überschreitend erkennen wir sie.* (E. Bloch)

Die Liebe muss sich bewähren, indem sie tätig wird, eine Brücke spannt zwischen den Gegensätzen, sie bewährt sich nicht, indem sie zum Ideal verkommt.

Wer die menschliche Seele kennenlernen will, der wird von der experimentellen Psychologie soviel wie nichts darüber erfahren. Ihm wäre zu raten, lieber die exakte Wissenschaft an den Nagel zu hängen, den Gelehrtenrock auszuziehen, der Studierstube valet zu sagen und mit menschlichem Herzen durch die Welt zu wandern, durch die Schrecken der Gefängnisse, Irrenhäuser und Spitäler, durch trübe Vorstadtkneipen, Bordelle und Spielhöllen, durch die Salons der eleganten Gesellschaft, die Börsen, die sozialistischen Meetings, die Kirchen, die Revivals und Ekstasen der Sekten zu gehen, Liebe und Hass, Leidenschaft in jeder Form am eigenen Leibe zu erleben, und er käme zurück mit reicherem Wissen beladen, als ihm fußdicke Lehrbücher je gegeben hätten, und er wird seinem Kranken ein Arzt sein können, ein wirklicher Kenner der menschlichen Seele.
C. G. Jung: GW 7, S.: 268 f.

Hans-Dieter Knoll
Dr. rer. soc. Dipl. Psych., Analytischer Psychotherapeut in freier Praxis

Der Fall Wilhelm Reich (2013)

Regie: Antonin Svoboda
mit Klaus Maria Brandauer, Julia Jentsch, Jeanette Hain

Volker Münch

Regisseur Svoboda und Hauptdarsteller Brandauer bei der Premiere von The Strange Case of Wilhelm Reich, Wien (www.wikimedia.org)

Wilhelm Reich ist für die meisten psychoanalytischen Psychotherapeuten eher eine schillernde, skandalumwitterte Figur, über deren Leben und Werk nur wenig Wissen besteht, da es auch nur selten Erwähnung findet.

Svobodas 2013 fertig gestellter Film zeichnet hingegen ein feinfühliges und sympathisches Portrait jenes Mannes, der bereits im Alter von 60 Jahren, inhaftiert wegen Verstößen gegen die Gesetze des McCarthy-Amerika, am ehesten wohl an einem gebrochenen Herzen verstarb. Reich hatte zu dieser Zeit nicht nur zum wiederholten Male alles in seinem Leben verloren, er war sicher auch erschöpft von seinem beständigen Kampf gegen die etablierte Psychoanalyse, die Psychiatrie, die moderne, arbeitsteilige, kapitalistische Gesellschaft als solche.

Wie kaum ein anderer Freud-Schüler vermochte Reich die unterschiedlichen Perspektiven auf psychische Krankheit – die soziologische, die psychoanalytische, die psychosomatische miteinander in Verbindung zu bringen und im Zusammenhang zu sehen. Vieles von dem, was er feststellte, fand später Anerkennung, als andere dafür andere Worte fanden, denken wir an Autoren wie Horst-Eberhard Richter, Erich Fromm oder Eva Illouz, die alle die soziale Dimension psychischer Störungen zum Thema machten.

Hauptthese Reichs war, ausgehend von Freuds Persönlichkeitstheorie eines die Triebregungen unterdrückenden Über-Ichs, dass wir – viel mehr als dies Freud noch selbst beschrieb – unseren unterdrückten unbewussten Regungen auch auf körperlicher Ebene viel mehr Freiheit zugestehen müssten, was letztlich auf eine gesellschaftliche Umwälzung hinauslaufe. Reich sah uns als in einem *Charakterpanzer* lebend, der sich vor allem in chronischen Muskelspannungen äußere. Dieser bedinge Haltungen, Lebensweisen und psychosomatische Symptombildungen. Die verdrängten Impulse von Lebendigkeit, Freude, aber auch Hass und Angst seien quasi „eingespeichert" in diese Spannungen.

Eine Redekur allein wie die Psychoanalyse sei nicht in der Lage, diese Lebendigkeit freizusetzen, hier bedürfe es vor allem körperlicher Interventionen. In der Folge von Reich führte dies vor allem über die Entwicklung der bioenergetischen Analyse durch seinen Schüler Alexander Lowen nach Reichs Tod zum Aufbau zahlreicher körpertherapeutischer Methoden, die noch heute Bedeutung haben. Es ist also nicht falsch, in Reich einen der Väter der modernen körperorientierten Therapieformen zu sehen.

Bereits früh führte diese seine Haltung allerdings zum Bruch mit Freud, nachdem Reich bereits mit Mitte zwanzig Aufnahme gefunden hatte in den Kreis der Wiener Psychoanalytischen Vereinigung. Bald empörten sich deren Mitglieder über Reichs grundlegendes Werk *Die Funktion des Orgasmus*, in dem er die Bedeutung der frei durch den Körper fließenden Lebensenergie hervorhob. Sein über Freud hinausgehender Libidobegriff erinnert in manchem zudem an die bereits etwas früher entstandenen Arbeiten C. G. Jungs. Interessant auch, dass die Arbeiten beider Freud-Abtrünniger fast nie in Verbindung miteinander gesehen wurden.

Während Reich in späteren Jahren sich vor allem der Erforschung der biologischen Hintergründe der Körperenergie widmete, was ihn zur Formulierung seiner umstrittenen *Orgon*-Theorie führte, interessierte sich Jung zwar ebenfalls für die kollektive Dimension des Psychischen, hier aber mehr für deren kultur- und ideengeschichtliche Seite. Während Freud mehr Wert auf die Ausarbeitung seiner Krankheitslehre legte, um Anerkennung im Mainstream der Medizin zu erlangen, etwas, was wir heute schmerzlich vermissen, ging es Reich und Jung von Beginn an um mehr und auch um anderes.

Seine Erkenntnisse führten Reich bereits früh auch zu einem politischen Engagement, das zum Ziel hatte, die Massen über deren sexuelle Möglichkeiten aufzuklären. Reichs Engagement in den 30er Jahre in Wien und Berlin wurde durch den aufkommenden Nationalsozialismus jäh beendet, er emigrierte zuerst von Berlin nach Wien, dann nach Kopenhagen und Oslo, von wo aus er in die Vereinigten Staaten auswanderte.

Hier setzt der Film ein, der die dortigen Auseinandersetzungen von Reich mit den Regierungsstellen in den Fokus setzt. Im damals einsetzenden kalten Krieg galt der in Europa als Jude verfolgte, als Querdenker von den Psychoanalytikern ausgegrenzte Reich, nunmehr auch vor dem Hintergrund seines früheren Engagements als gefährlicher Kommunist, hinzu kam die sexualfeindliche Stimmung des puritanischen Amerika.

Reich sah wie kein anderer die Tatsache der Verdrängung des Sexuellen und des Archaischen in unseren modernen Gesellschaften, auf die wir bis heute, der sog. *sexuellen Revolution*, für die Reich noch posthum als Namensgeber fungieren durfte, zum Trotz, keine wesentlich besseren Antworten und Lösungen haben. In ihm vereinigen sich medizinische, biologische, psychologische, soziologische, politologische und philosophische Sichtweisen. Dass er, wie auch im Film gezeigt, sich darauf versteifte, wissenschaftliche Beweise für die Wirklichkeit seines Konzepts von Lebensenergie zu haben, machte die Sache für ihn nicht leichter.

Heute, nach dem von Thomas Kuhn beschriebenen Paradigmenwechsel der 60er

Jahre können wir Wissenschaftlichkeit auch ganz anders definieren und Reich wäre möglicherweise ein gern gesehener Gast auf Symposien und Kongressen. Die stärkere gegenseitige Durchdringung von Natur- und Geisteswissenschaften, wie wir sie heute kennen, ist aber vielleicht selbst in Teilen Ergebnis der Prozesse, die auch auf die Rezeption von Reichs Ideen in den 60er- und 70er Jahren des letzten Jahrhunderts zurückzuführen sein könnten.

Klaus Maria Brandauer ist eine Idealbesetzung für den lebenslustigen, arbeitswütigen und kompromisslosen Reich, der sein Werk nicht getrennt von seiner Person sehen konnte. Er lässt einen mithoffen, mitleiden und mitfühlen mit einem Menschen Reich, der immer versuchte, den Definitionen anderer zu entgehen und damit seiner eigenen Persönlichkeitstheorie am besten entsprach.

Wie leicht es ist, sich am Mainstream zu orientieren und sein innerstes Wesen zu verraten, das ist die stille Botschaft von Reich, der einen anderen Weg gehen musste. Es wird spannend sein, zu sehen, was die erst 2007 mit seinem 50. Todesjahr freigegebenen Manuskripte enthalten, hier ist sicherlich noch viel Forschungsbedarf.

Im Zeitalter einer zunehmend ausgegrenzten Psychoanalyse und einer erstarkten biologisch-pharmazeutisch orientierten Psychiatrie, im Zeitalter von Massenkonsum, -kommunikation und -überwachung wirken die Thesen Reichs noch provokanter als damals. Sexualität wird noch viel mehr als Privatangelegenheit angesehen und wird noch viel mehr als früher auf den sexuellen Akt eingeschränkt betrachtet. Selbst Psychoanalyse und Körpertherapie haben im Mainstream heute die Tendenz, einen Bogen um Sexualität zu machen, es geht viel um frühes Erleben, die Mutter-Kind-Dyade, Gehaltensein, Bindung und Beziehung. Das ist wichtig, auch um Reich besser verstehen zu können. Er, der mit 17 Vollwaise war, suchte zeitlebens nach stabilen Beziehungen und tat doch auch viel, um diese zu vermeiden und zu zerstören. Diese Botschaft ist dem Reich-Film von Svoboda unterlegt und sie stimmt auch traurig.

Dennoch durchzieht den Film eine eher hoffnungsvolle Stimmung, die Mut macht, sich dem zu verschreiben, was das eigene Lebensthema ist - und dass andere kommen werden, um den von Reich leider zu früh aus der Hand gegebenen gedanklichen Faden wieder aufzunehmen und weiter zu denken. Wir müssen uns fragen, ob wir nicht nach wie vor in einer stark von sozialen und gesellschaftlichen Normen eingeengten Gesellschaft leben, die die freie Entfaltung unserer Lebensenergie schlicht unmöglich macht, sie stattdessen in immer neue Bahnen lenkt, mit dem Ziel, diese Gesellschaft mit ihren Licht- aber auch Schattenaspekten zu stabilisieren.

Wir sehen heute klarer, dass es einen Preis gibt, den wir als Individuen für diese Stabilität der Gesellschaft zahlen müssen. Die Frage, die auch Reich stellte, ist nur die, wie neue Impulse, Bewegung und Veränderung in die Gesellschaft gelangen können, um diesen Großkörper am Leben zu erhalten.

Reichs Leben war dem Wunder des Lebens gewidmet, und er kämpfte in fast naivem Glauben an die Wichtigkeit seiner Mission. Seine Tragik besteht in seinem Talent, das es ihm nicht erlaubte, sich auf ein therapeutisches oder wissenschaftliches, ein philosophisches oder ein Leben als Privatmann allein zurückzuziehen. Er sah alles miteinander in Verbindung und die gesellschaftlichen Institutionen eher als unnötigen Ballast, die uns in unserem Streben nach Glück im Weg stehen.

Reichs Plädoyer für eine weite Sicht auf Sexualität und Lebensenergie kommt mittlerweile auf andere Weise „an": Sport, Fitness, Yoga und Tantra sind anders als vor fünfzig Jahren in der Mitte der Gesellschaft praktizierte Rituale, die dafür sprechen, dass wir verstanden haben, dass unser aller Leben „lebendig" gehalten werden sollte, dass wir nur in tatsächlicher, nicht nur geistiger Bewegung jener Erstarrung entgehen können, die zu Rigidität, Kontrolle und Destruktivität führt. In all diesen Praktiken überlassen wir uns auch der Unbestimmtheit und Unvorhersagbarkeit unserer Regungen und Einfälle und öffnen so den Raum für eine ideenreichere und damit letztlich wieder „sichere" Zukunft. Auch die poetische Dimension von Reichs Weltsicht hinter aller Fachsimpelei und allem Wissenschaftsanspruch wird in Svobodas Film hervorgekehrt. So wie Jung am Ende seines Lebens sicher war, dass er nicht glaubt, sondern dass Gott existiert, so war sich Reich sicher, dass es eine uns alle umfassende Energie gibt, an der wir alle teilhaben und die uns, wie die ewigen Sterne der Nacht, zum Leuchten bringt.

Volker Münch
Dipl. Psych., Psychoanalytiker in Germering b. München, Mitglied der C. G. Jung-Gesellschaft München, Dozenten- und Vortragstätigkeit; Interessenschwerpunkte: Gesellschaft und Psychoanalyse, Film und Psychoanalyse, Astrologie.

Herzlichen Glückwunsch zum 80. Geburtstag, liebe Ingrid Riedel!

Mit einem sehr schönen Festakt, einer öffentlichen Tagung im Kunsthaus Zürich am 23.1.2015, wurde Ingrid Riedel zu ihrem 80. Geburtstag geehrt und gefeiert.

„Farben des Lebens", und im Untertitel „aus Reichen Quellen schöpfen", waren dem Ehrentag für Ingrid Riedel als Basis gegeben.

Ingrid Riedel darf mit großem Respekt und Verehrung als „Grande Dame" in der Jungschen Community bezeichnet werden. Sie selbst hat in ihrem Vortrag zum Abschluss des Tages ihre Gäste mit „Liebe Spielgefährten und Spielgefährtinnen" angesprochen. In ihrer emotionalen Klugheit, ihrem intellektuellen Wissen und in ihrer Weisheit hat sie sich eine charmante spielerische Umgangsweise mit Menschen bewahrt, und sie beeindruckt in ihrer Bescheidenheit mit ihrem großen Herzen und Mitgefühl. Sie sieht, spürt und gibt Resonanz auf die Not und das Leiden von vielen Menschen.

Ingrid Riedel wurde am 9.1.1935 in Schweinfurt geboren. Und es wurde berichtet, dass ihre Mutter, als die Familie vor dem zerbombten Haus stand, sagte: „So, die Sorge sind wir jetzt los!" Heute würden wir sagen, das sind Erfahrungen der Resilienz, die Ingrid mit auf den Lebensweg gegeben wurden.

Sie hat in Frankfurt evangelische Theologie und Sozialpsychologie studiert, und hatte von 1986 bis 2000 einen Lehrauftrag an der Goethe-Universität Frankfurt im Bereich der Religionswissenschaften. Sie war 10 Jahre Studienleiterin an der Akademie in Hofgeismar, bevor sie in den 1970igern Jahren aufgebrochen ist, „die Arbeit nach Innen" zu beginnen und in Zürich die Ausbildung zur Jungschen Analytikerin gemacht hat.

Seit 1978 ist sie Analytikerin. Sie ist Dozentin, Lehranalytikerin, Supervisorin am C. G. Jung Insitut in Zürich und auch am Stuttgarter C. G. Jung-Insitut. In Küsnacht war sie

Foto: Ingrid Riedel bei einer Fernsehaufzeichnung zum Thema Psychologie und Religion bei SF Kultur 2011

fentlichte ein Buch zu Paul Klees Engel. Immer wieder griff sie Themen aus der Kunst auf. Sie hat es verstanden, Theologie und Kunst schöpferisch mit der Jung'schen Psychologie zu verbinden.

Imagination ist wichtiger als Wissen, ist eine Aussage von ihr, oder *Imagination ist die Sonne im Körper*, oder *Gelassenheit ist Vertrauen ins Leben*, oder auch, *Wir können anstatt Gott auch das Leben selbst sagen.*

Wir danken Ingrid Riedel für ihre Inspiration, dafür, dass wir an ihrem schöpferischen Leben teilhaben dürfen, und dass sie den Segen ihrer Begabungen in der Weltengemeinschaft mit anderen gerne teilt. Wir wünschen ihr die Gnade des hohen Alters, gute Gesundheit und kreative Impulse im Altern!

Margarete Leibig

viele Jahre eine wichtige integrierende Kollegin, als das Küsnachter Institut neue Wege und Organisationsformen suchte. In der Internationalen Gesellschaft für Tiefenpsychologie (IGT) bereicherte und inspirierte sie aus der Wissenschaftlichen Leitung heraus die Herbst-Tagung in Lindau über 30 Jahre lang.

Von Ingrid Riedel gibt es, so hörten wir in Zürich, 116 Publikationen. Eine wahrlich schöpferische und auch fleißige Frau ist sie. Ihr erstes Buch, das 1983 erschien, *Farben* ist bis heute ein Klassiker. Neu erschienen ist jetzt im Patmos-Verlag ein Sammelband, *Aus reichen Quellen schöpfen*. Und zum ersten Mal veröffentlicht sie eigene Gedichte, in ihrem neuen Gedichtband *Graureiher kommen*.

Ihre Beschäftigung mit Märchen und Mythen, und Themen aus der Kunst drückte sich in vielerlei Gruppenangeboten mit Malen und Psychodrama und Bibliodrama, sowie in ihren Büchern aus.

Sie umkreiste Themen wie: Die weise Alte im Märchen, Sterben und Auferweckung im Mythos. Sie arbeitete über Hildegard von Bingen. Sie schrieb *Der grüne Christus*, ein Buch zu Bildern von Chagall und ein wunderschönes Buch zum *Hohelied der Liebe*. Und sie veröf-

Nachruf für Gerhard Wehr
(1931 - 2015)

Am 22. April 2015 ist Gerhard Wehr im Alter von 83 Jahren gestorben. Mit seinen zahlreichen, sehr fundierten und beliebten Werken über Religion, Mystik und Psychologie sowie mit seinen Biographien über große Gestalten der Geistesgeschichte wurde er international bekannt und anerkannt.

Die Augustana-Hochschule hatte ihm 2002 für seine Verdienste, seine umfangreichen Forschungen und Studien zur neueren Religions- und Geistesgeschichte, insbesondere für seine Beiträge zu Jakob Böhme und zur christlichen Mystik, den theologischen Ehrendoktor verliehen.

Einen besonderen Schwerpunkt und auch Erfahrungshintergrund in seinem Leben und Lebenswerk bildete die Analytische Psychologie C. G. Jungs.

Er hat 1969 bei Rowohlt die erste Jung-Biografie im deutschen Sprachraum verfasst, zu der es bis heute Neuauflagen und Übersetzungen gibt. Prof. Wilhelm Bitter, einer der Väter des C. G. Jung-Instituts in Stuttgart, veranlasste Gerhard Wehr zu einem Vergleich „C. G. Jung und Rudolf Steiner". Bitters methodischer Ansatz, vergleichbare Gedanken- und Erfahrungssysteme aufeinander zu beziehen, entsprach Gerhard Wehrs eigenen Intentionen. Das fand dann auch seinen Ausdruck im Untertitel des 1971 (zu Jungs zehntem Todestag) erschienenen Buches über Jung und Steiner: „Konfrontation und Synopse" (Neuauflage 2014 bei opus magnum, Stuttgart).

Für Wehrs Schaffen bedeutete diese Arbeit einen Durchbruch, zumal Wilhelm Bitter ihm eine die Abfassungszeit begleitende Lehranalyse bei Manuela Jäger, einer Schülerin Jungs und Toni Wolffs finanzierte.

Danach konnte die ausführliche Jung-Biografie (1975) in Angriff genommen werden, die in Übersetzungen in USA und Japan Verbreitung gefunden hat. Durch Exkurse erweitert, liegt sie jetzt bei opus magnum, Stuttgart (2104) vor. Hinzu traten einige Schriften über Selbst-Werdung und religiöse Erfahrung, jüngst zu speziellen Äußerungen in Jungs Briefen: *Das Geheimnis des Lebens ist zwischen Zweien verborgen* (opus magnum, 2011).

Wehr selber sagte: *Die Begegnung mit Leben und Werk C. G. Jungs hat für mich selbst und mein Schaffen eine konstitutive Bedeutung erlangt, obwohl oder gerade weil sie mit Gestalten wie Martin Buber, Rudolf Steiner, Jean Gebser oder Karlfried Graf Dürckheim korrespondiert. Dadurch wurde nicht zuletzt auch die Beschäftigung mit anderen Feldern spiritueller Erfahrung vertieft, insbesondere für das Verständnis der abendländischen Mystik.*

Für dieses umfassende, hilfreiche und die Analytische Psychologie so sehr fördernde Lebenswerk sei Gerhard Wehr von Herzen gedankt. Es wird uns noch viele Jahre begleiten und sicher auch noch viele weitere Leser finden.

Lutz Müller

Nachruf für Erika Lachauer
(1957 - 2015)

*Wer zugleich seinen Schatten
und sein Licht wahrnimmt,
sieht sich von zwei Seiten,
und damit kommt er in die Mitte.*

Mit diesem Zitat von C. G. Jung hatte Erika Lachauer, nachdem sie einige Tage zuvor in aller Stille von ihrer Familie beigesetzt worden war, Freunde, Bekannte und Verwandte zum gemeinsamen Feiern am Bodensee eingeladen.

Sowohl dieses Zitat als auch diese Feier waren typisch für Erika Lachauer. Sie war unkonventionell, kreativ, überraschend, direkt, liebte es nicht, wenn Menschen ihre Persona allzu demonstrativ vor sich her trugen, schon gar nicht Psychotherapeuten. Sie wollte den wirklichen Menschen spüren, mit dem sie in Kontakt trat, und sie wollte ebenso auch sich als wirklichen Menschen zeigen. Das hatte dann oft eine sehr belebende Wirkung, die mit einem entspannenden Lachen enden konnte.

Aber nicht immer. Das Frei- und Querdenkende in ihr machte es anderen Menschen manchmal auch nicht leicht, ihren eigenwilligen Einfällen und ihrem Verhalten zu folgen. Aber das beirrte sie wenig. Sie musste und wollte sich treu bleiben.

Das zeigte sich auch darin, dass sie sich nie auf eine psychotherapeutische Schule und Richtung festlegen ließ. Eben wegen dieser prinzipiellen Offenheit und Weite hatte sie sich dann auch für die Analytische Psychologie entschieden. Sie war Psychologin, Management-Trainerin, Familien- und Gruppentherapeutin, Analytische Psychotherapeutin für Erwachsene wie für Kinder- und Jugendliche, liebte das Sandspiel und das Katatyhme Bilderleben und konnte sich immer für neue Ideen begeistern.

In Meersburg hatte sie zusammen mit ihrem Mann eine psychotherapeutische Praxis. In Konstanz war ihr Ziel, zusammen mit Kollegen eine C. G. Jung-Gesellschaft aufzubauen, deren Gründungsvorsitzende sie dann auch wurde und welche sich zur heutigen C. G. Jung-Gesellschaft Bodensee entwickelte.

Im Kontakt mit Studierenden der UNI Konstanz und der UNI Tübingen organisierte sie zahlreiche Informationsveranstaltungen über die Ansätze der Analytischen Psychologie und Psychotherapie.

Wir bleiben ihr in dankbarer Erinnerung herzlich verbunden.

Lutz Müller

Das C. G. Jung-Institut Stuttgart auf dem Kirchentag 2015

Die entscheidende Frage für den Menschen ist: Bist du auf Unendliches bezogen oder nicht? Das ist das Kriterium seines Lebens.

Ich glaube nicht, ich weiß!

Diese tiefsinnigen Aussagen von Jung, sein farbenprächtiges Mandala, Systema munditotius, im Hintergrund, auf der einen Seite des Standes ein Sandspielregal mit Figuren und einem Sandkasten davor als Einladung für Interessierte, eine Figur in den Kasten zu stellen. Das Rote Buch war aufgeschlagen auf einem Lesepult, es gab Jung-Journale, flotte Kugelschreiber wurden verschenkt, Jung'sche Literatur war ausgelegt, eine Traumhörstation war installiert, und all das war eine Einladung, an unserem Stand beim Ev. Kirchentag in Stuttgart zu verweilen.

Am Mittwoch, dem 06.06.2015, waren beim Eröffnungsgottesdienst etwa 200.000 Menschen in der Stadt, am Sonntag, beim Abschlussgottesdienst noch 90.000; der „Markt der Möglichkeiten" mit all seinen Ständen war drei Tage geöffnet, Donnerstag, Freitag und Samstag. Es brodelte in der Stadt unglaublich, und das war nicht nur der Hitze geschuldet. Es war die Fülle der wachen, interessierten und engagierten Menschen, die eine unglaubliche Energie verbreiteten. Entsprechend können Sie sich als Leser vorstellen, welches Vorbeifließen unendlich vieler junger, mittelaltriger und älterer Menschen wir erlebt haben.

Die Leiterin der Organisation des C. G. Jung-Institut Stuttgart, Frau Gisela Lohmann, hat mit ihren Mitarbeitern ein super Konzept für diese drei Tage auf dem Kirchentag erarbeitet und für die Durchführung gesorgt. Dazu gehörte auch, dass es einen „Dienstplan" gab, nach dem jeweils eine Verwaltungskraft, ein Studierender und ein Therapeut miteinander Standdienst machten. Diese wunderbare Mischung gab uns in der Zusammenarbeit die Möglichkeit, einander zu fragen oder auch mal über die Nachbarstände zu bummeln. Zudem hatten wir das Privileg eines Ventilators am Stand, der uns Erleichterung bei der immensen Hitze verschaffen konnte.

Was ist der Sinn unserer Mitarbeit am Kirchentag? Wie kein anderer der tiefenpsychologischen Gründungsväter hat C. G. Jung die Religiosität als eine Grundkomponente des Seins aufgefasst. Man kann von einer archetypischen Möglichkeit des Menschen ausgehen, denn Zeugnisse von Religiosität findet man, seit es Menschen gibt. Es liegt also nahe, dass wir als psychoanalytisches und tiefenpsychologisches Ausbildungsinstitut, als C. G. Jung-Gesellschaft und engagiert in einem Psychologiestudium uns in der Öffentlichkeit zeigen und auf unsere Arbeit aufmerksam machen, zumal die Psychoanalyse im Vergleich zu anderen Therapieverfahren immer kritischer beäugt und infrage gestellt wird. Es ist eine Chance, in der Öffentlichkeit zu vermitteln, welches Entwicklungspotenzial für Menschen in der Arbeit mit der Analytischen Psychologie liegt.

Margarete Leibig

...auf dass wir klug werden... lautete das Motto des 35. Kirchentags, den 12. Vers aus Psalm 90 zitierend. Bereits bei den ersten Gesprächen zu unserer Beteiligung mit einem Stand war spürbar, dass dieses Motto uns sehr angesprochen hatte, wohl jede(n) auf eigene Weise. Bei mir stellte sich spontan die Verbindung her zu der Aufforderung *seid klug wie die Schlangen und ohne Falsch wie die Tauben* (Mt. 10,16) – vielleicht auch, weil in dem letzten Seminar vor Pfingsten die Symbolik von Schlange und Taube wichtig geworden war. – Umso berührter war ich, als bei dem ersten Sandspiel an unserem Stand – es vollzog sich in einer fast meditativen Atmosphäre – die Schlange (gleich dreifach) und etwas später eine weiße Taube „ins Bild gesetzt" wurden. Synchronistisch!?

Der eher im Hintergrund platzierte Sandkasten zog immer wieder die Aufmerksamkeit von Besuchern auf sich, löste auch manchmal die erstaunte Frage aus, ob damit auch Erwachsene spielen könnten ... Und die ersten Gestaltungen im Sand animierten dann – wenn die „Spielenden" längst weiter gezogen waren – die Nachfolgenden zu Fortsetzungen und Variationen des Sandbildes – *auf dass wir klug werden !?*

Zusätzlich zu den schon geschilderten Eindrücken fand ich den Austausch mit anderen Stand-Haltern sehr anregend – so wanderten dann kleine Holzwürfel vom Stand *Neue Spiele* auf unser Sandspiel-Regal, mit welchen ohne Worte Emotionen kundgetan werden können. Wir legten uns gleich einen Vorrat für alle Therapie-Räume zu, vielleicht könnten sie auch bei manchen Sitzungen hilfreich sein!?

Bei der Rückkehr von diesen kleinen Ausflügen freute ich mich immer wieder aufs Neue, welche Offenheit, Transparenz und einladende Atmosphäre unser in hellen Farben gehaltener Stand ausstrahlte – ganz passend (für mich) zum Wesen der Analytischen Psychologie.

Monika Rafalski

Einige Besucher traten skeptisch an den Stand des C. G. Jung-Instituts mit der Frage heran, was denn Jung auf dem Kirchentag mache – es schien Befremden oder gar Unbehagen bei ihnen darüber auszulösen, wobei die Verwunderungen oder damit zusammenhängenden Fragen unbenannt blieben. Andere Besucher, die bereits Kontakt mit dem CGJI Stuttgart durch eine Ausbildung oder andere Kontakte zu C. G. Jung hatten, traten mit einem vertraut freundlichen Entgegenkommen an den Stand heran und waren an der Präsentation des CGJI sehr interessiert.

Diejenigen, die bereits Kontakt mit Jung durch Ausbildungen hatten, bedauerten zuweilen das Ersetzen der analytischen Ausbildungsgrundlagen durch andere therapeutische Richtungen, wie beispielsweise systemische Ansätze z. B. in der pastoralen Ausbildung. Viele an Weiterbildung Interessierte nahmen Informationen für die Weiterbildungen am CGJI mit.

Besonders fielen dabei Eltern auf, die ihren Kindern diese Informationen zugedachten. Aber auch junge Psychologiestudenten und -innen informierten sich über analytische und tiefenpsychologische Ausbildungsmöglichkeiten, wobei sie die Aktualität der Analyse infrage stellten und von bedingter Akzeptanz dieses Verfahrens an ihren Universitäten berichteten.

Die Jung-Journale waren ebenfalls begehrt und wurden interessiert auf- und kostenfrei mitgenommen, Interessierte aus anderen Teilen Deutschlands fragten und waren interessiert an Informationen zu Jung in ihren Regionen.

Das Sandspiel wurde von allen Altersgruppen interessiert angenommen, dabei war das Leuchten für die symbolische Welt und deren Reize gleichermaßen in den Augen der Kinder, Jugendlichen und Erwachsenen zu erahnen. Einige ließen sich auf kurze Kontakte mit der Symbolik im Sandspiel ein, manche tauchten für einige Zeit in ihre Welt des Unbewussten in Sandkasten ein.

Das Rote Buch wurde z. T. mit ehrfürchtiger Achtung bedacht. Einige Male war zu beobachten, wie sich eine kleine Gruppe dem Roten Buch mit der Erwartung näherten, dort läge eine Bibel: „[..] schau mal, dort liegt die Bibel [..]". Verunsichert und irritiert wirkten einige Besucher, als sie dabei feststellten, es handelte sich nicht wie erwartet um die Bibel. Einige verließen anschließend den Stand ohne weitere Worte, andere begannen gemeinsam interessiert Satz für Satz gemeinsam aus dem Roten Buch zu lesen.

Die Traumhörstation wurde in der Mehrzahl von Jugendlichen in der Mittagszeit genutzt und Kleinartikel wie die CGJI-Kugelschreiber wurden gerne an- und mitgenommen.

Die zuweilen deutliche Skepsis der Besucher gegenüber der Präsenz des C.G. Jung-Institutes auf dem evangelischen Kirchentag 2015 in Stuttgart lässt das Potenzial einer notwendigen Öffentlichkeitsarbeit dazu erahnen, begleitend für die anstehenden Veränderungsprozesse der Psychoanalyse, damit deren Ausbildung und deren Bild in der Öffentlichkeit verstanden werden kann.

Kai Appel

Andreas Oberholz:
Hinter dem Schatten - Seelenmord
Kriminalroman, 236 S., € 19,90
Brandes & Apsel 2015
ISBN-13: 978-3955581466

Unter diesem Titel kommt im Herbst ein Kriminalroman auf den Markt, von einem unserer Kollegen in großer Feinheit und Präzision verfasst und unter Pseudonym veröffentlicht. Ich möchte diesen Text allen Lesern dringend ans Herz legen. Ans Herz deshalb, weil mir dieser Roman direkt aus dem Herzen eines analytischen Psychotherapeuten geflossen zu sein scheint. Über lange Passagen drängte sich mir der Eindruck auf, dass dieses Buch sich eigne als Lehrbuch der analytischen Psychotherapie sowohl für Auszubildende als auch für Fortgeschrittene. Mit großer, aber irgendwie auch sanfter Präzision wird analytisches Arbeiten vorgestellt und sozusagen von inwendig her gezeigt – so, dass selbst ein überaus skeptischer und Psychotherapeuten hassender Kriminalkommissar mehr und mehr sich gezwungen sieht, zu verstehen, was in einem analytischen Prozess geschieht, und dies nicht nur zu verstehen, sondern auch in beginnender Selbsterkenntnis anzuerkennen und zu bewundern. Ähnlich werden alle Beteiligten sanft und allmählich durch die Wesensart, das Denken, Fühlen und Handeln des Analytikers in den Bann des analytischen Menschenbildes gezogen und geraten mit ihm – dem Hauptverdächtigen – in Resonanz. Der Text scheut sich auch nicht, die Schwierigkeiten, Tabuzo-

nen und Schatten des analytischen Laboratoriums und der kollegialen Ebene des Lebens in einem Ausbildungsinstitut zu beleuchten. Dies geschieht sehr differenziert und realistisch. Ebenso differenziert wird das Innenleben und die Seelenlandschaft des Analytikers selber schrittweise entfaltet.

Natürlich ist dies kein Lehrbuch, sondern ein Kriminalroman und hier liegt die zweite große Qualität des Textes. Die Ausgangssituation ist der offensichtliche Mord an einer Patientin, durch den der Analytiker, gestützt durch Andeutungen erotischen Inhalts in deren Tagebuch, in Verdacht gerät. Ich möchte darüber hinaus jedoch inhaltlich nicht dem Lesevergnügen vorgreifen. Die Handlung entfaltet sich aus dieser Situation heraus in einer dynamischen Spirale und ich konnte bei der Lektüre den Text oft kaum weglegen und blieb in erwartungsvoller Spannung, bis ich endlich weiterlesen konnte. Die Kunst des Textes liegt dabei insbesondere darin, dass er gar nicht spektakulär auftritt, sondern die Spannung sozusagen auf leisen Sohlen entsteht. Eine eingewobene, ebenfalls sich sehr sanft entwickelnde Zuneigung zwischen dem Analytiker als Hauptverdächtigem und der ermittelnden Kommissarin unterstreicht dies noch. Natürlich gibt es Spannungshöhepunkte, sie sind aber sehr spärlich und zielgenau gesetzt, ansonsten zieht sich ein ständiges oszillierendes Erregungsniveau durch den gesamten Text. Dabei folgt der Krimi nicht dem Trend, die Zahl der Morde zu steigern. Er kommt im Gegenteil mit zwei Toten aus, wovon nur eine wirklich ermordet wird. Es gibt auch Stellen, an denen man die Welt nicht mehr versteht, dann aber sich der Psycho-Logik des Geschehens dennoch wieder hingeben muss, besonders als sich der Weg in die psychische Dynamik sowohl des Opfers als auch des Mörders auftut. Diese wird wie in einer Obduktion mit dem Skalpell Schicht um Schicht zu einem entsetzlichen Bild innerer Verletzungen und draus resultierender Destruktivität freigelegt.

Am Schluss blieb mir der Eindruck, dass es sich hier um ein abgerundetes Werk handelt. Es war, wie wenn sich ein Kreis geschlossen hätte. Dies hat bei mir auch ein Bild großer Schönheit und Ästhetik hinterlassen, auch der Ästhetik der analytischen Arbeit.

Der richtige Verlag und die richtige Heimat für diesen Text ist Brandes und Apsel. Dort hatte man offensichtlich die geeigneten Werkzeuge, um den Wert dieses sensiblen Werks richtig zu messen.

Hans Holm

Ralf T. Vogel
Der Tod ist groß, wir sind die Seinen
Mit dem Sterben leben lernen
Ostfildern, Patmos Verlag 2015
€ 12,99, 114 Seiten
ISBN 978-3-8436-0593-9
auch als eBook

Mit diesem kleinen Buch ist Ralf Vogel, Prof. Dr. phil., Lehranalytiker am C. G. Jung-Institut in München und Verhaltenstherapeut, ein großer Wurf gelungen. Mit seinem profunden Wissen konnte er ein Lebensthema für uns alle in einer übersichtlichen Kürze und dennoch mit großer Tiefe und Weite vermitteln. Er führt die *Ars moriendi*, die Kunst des Sterbens ein, und nimmt die Leser mit in eine *Ars vivendi*", die Lebenskunst, denn beide gehen Hand in Hand.

Die Prosa an verschiedenen Stellen lässt einen mitunter den Atem anhalten. Der Autor gibt, oft unbekannte, jedoch wesentliche Informationen, z. B. über Rainer Maria Rilke. Dieser schrieb sein „Schlussstück" bereits im Alter von 27 Jahren, 24 Jahre vor seinem Tod:

Schlussstück

Der Tod ist groß.
Wir sind die Seinen
lachenden Munds.
Wenn wir uns mitten im Leben meinen,
wagt er zu weinen
mitten in uns.

Mit dem Rilke-Gedicht beginnt das Buch und führt uns weiter ein in das Kapitel über die *Zeitlosigkeit der Seele*, C. G. Jungs Modell einer Kunst des Sterbens.

Ralf Vogel würdigt C. G. Jung als *Gründungsvater einer modernen Sicht auf Tod und Sterben ...*, *die auf psychologische Einsichten gründet und an die Weisheitsbestände der alten Hochkulturen der Menschheit anknüpft* (S. 20).

Wir erfahren auch etwas über die Biografie von Jung. Er *war das erste überlebende Kind seiner Eltern, drei hatten sie vor ihm verloren; zwei durch Totgeburten, das dritte starb nach fünf Tagen. Tod und Sterblichkeit begleiteten also seinen Lebensweg von Beginn an* (S. 20).

Ralf Vogel stellt Jungs Schichtenmodell mit dem kollektiven Unbewussten vor, im Blick auf das Todesthema. Dies öffnet uns dafür, dass wir ein Teil des Menschheitsgeschlechts überhaupt sind. *Alles verändert sich, aber dahinter ruht ein Ewiges*, meinte Goethe. Es sind Motive, die der Zeit und dem Raum nicht unterworfen sind.

Somit kann man das Sterben und den Tod auch als Archetypen verstehen. Es werden archetypische Seelenbilder vom Tod genannt, die sowohl in Träumen, Imaginationen, also aus dem Inneren kommen können, jedoch auch in der Kunst, in Mythen und Märchen zu finden sind: Jenseitsbilder und Bilder zur Überfahrt. Mir fiel von Giovanni Segantini das Bild *Maria auf der Überfahrt* ein, das Segantini in Sils-Maria gemalt hat.

Wesentlich erscheinen mir auch die Anregungen, sich mit dem eigenen Tod zu beschäftigen. *Die Tiefenpsychologie beinhaltet als zentrales Element die Wertschätzung der Gewordenheit jedes einzelnen Menschen ... was wirklich zählt, ist das gelebte Leben,* so

Verena Kast. Es entstehen Fragen: *Wo haben wir Spuren hinterlassen? Woran hatten wir Anteil? Was konnten wir mit weiter entwickeln?*

Ein kleiner Anteil von uns wird von einer Welle zur anderen immer weiter getragen. So zitiert Ralf Vogel den *Welleneffekt* von D. Yalom (vgl. S. 33).

Weiter schreibt Ralf Vogel: *Der sterbende Mensch ist ein vom Tod nach dem Sinn Befragter (dies könnte ein Sinn des Todes überhaupt sein), und wir sind aufgerufen, darauf zu reagieren, wenn wir nicht an einem Grundthema unseres menschlichen Seins vorbeileben und daran seelisch leiden wollen.* (S. 35)

Es wird vom *kleinen Sinn*, der eher das Alltägliche meint, gesprochen, und darüber hinaus stellt sich die große Sinnfrage. *Der Sinn der Sinnfrage liegt hier in der Frage selbst!* Es geht um „Unerledigtes", um das „ungelebte Leben", um die Rückschau und um das, was bleibt.

Das Kapitel *Das Sterben vorbereiten – Tod und Traum* beginnt mit einem Gedicht von Michelangelo:

Es sandte mir das Schicksal tiefen Schlaf.
Ich bin nicht tot, ich tauschte nur die Räume.
Ich leb in euch, ich geh in eure Träume,
da uns, die wir vereint, Verwandlung traf.

Zwei Methoden stellt der Autor als wesentlich in der Geschichte der Tiefenpsychologie vor: Traumarbeit und das Üben und Verstehen von Imaginationen.

In allen großen Religionen findet sich ein von Ehrfurcht geprägter Umgang mit Träumen. *Schon im antiken Griechenland wurde Hypnos, der Gott des Schlafes, als der kleine Bruder von Thanatos, dem Todesgott, dargestellt, also zwischen Schlaf und Tod ein Zusammenhang erkannt.* (S. 65)

Heute werden Verstorbene, die in Träumen auftauchen, als Teil eines heilsamen Weges in der Trauerarbeit verstanden. Es können für Sterbende auch tröstliche Gedanken sein, wenn sie wissen, sie werden in den Träumen der geliebten Menschen weiterleben dürfen.

C. G. Jung wurde nicht müde zu betonen, dass mit einem Faktor in der Psyche zu rechnen ist, der den Gesetzen von Zeit und Raum nicht untersteht. (S. 67)

Die zweite Methode ist die Imagination, das sind innere Vorstellungsbilder. Es werden im Buch unterschiedliche Formen der Imagination angesprochen und auch eine Sterbeimagination angeleitet. Verständlich und klar bespricht der Autor Zugangswege zur Imagination und verdeutlicht diese hilfreichen Zugangswege zu den seelischen Tiefenschichten, die auch den spirituellen Bereich der Seele mit aufnehmen.

Er führt einige ganz praktische Übungen ein, gibt kurze Fragenkataloge vor, z. B. wie könnte ich sterben wollen, wer möge mich begleiten und ähnliche Fragen, ohne jedoch einen Tenor zu haben, so muss es sein. Es fühlt sich frei an. Im Lesen entsteht Freiheit trotz des Sterben müssens, mit dem wir alle leben.

Letztendlich geht es in der Beschäftigung mit dem Sterben und dem Tod um die Lebenszeit. Das Leben findet JETZT statt und bezieht das Ende mit ein. Kein Entweder-oder, sondern ein Sowohl-als-auch, und in der Weise, wie es jedem Menschen gemäß ist.

Es ist der Sinn der Individuation, dass wir uns mit unserem letzten Lebensabschnitt beschäftigen, weil wir uns dadurch vielleicht ein bisschen ganzer und heiler fühlen können. An einer Stelle spricht Ralf Vogel von dem Buch als *Tiefenpsychologisches Totenbuch*. Das ist zutreffend. Es lehrt uns bedenken, dass wir sterben, auf dass wir leben.

Das Buch kommt zum Ende mit einem Zitat von C. G. Jung von 1930: Die großen Lebensprobleme sind nie auf immer gelöst. [...] *Ihr Sinn und Zweck scheint nicht in ihrer Lösung zu liegen, sondern darin, dass wir unablässig an ihnen arbeiten.*

Es ist ein überaus empfehlenswertes Buch. Es ist ganz sicher ein seelischer Gewinn, sich mit den Lebensthemen, und dazu gehört auch der Tod, zu beschäftigen.

Margarete Leibig

rezensionen

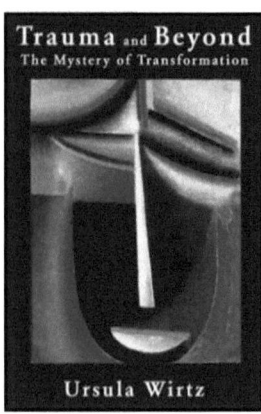

Ursula Wirtz
Trauma and Beyond:
The Mystery of Transformation
Spring Journal (New Orleans, LA, USA) 2014
354 S.
ISBN 978-1935528593

Ein außergewöhnliches Buch über ein hochaktuelles Thema: *Trauma and Beyond*, das *Beyond* des Titels heißt sowohl jenseits, als auch danach, darüber hinaus. Zu deutsch könnte das Buch heißen: Trauma und Transzendenz: das Mysterium der Verwandlung.

Ob Extremtraumata (Krieg, Holocaust, sexuelle, körperliche, seelische Gewalt, Naturkatastrophen) oder „alltägliche", kumulative Traumata (dysfunktionales Familienleben, geschlechtsspezifische oder ethnische Verachtung und Diskriminierung, Fremdenfeindlichkeit), akutes Trauma bewirkt stets eine Sinnkrise. Es zerreißt die Kohärenz und Kontinuität der Ichidentität und verursacht eine massive Diskrepanz (Dissoziation) zwischen Selbstgefühl und aktueller Realität. Wenn das Kohärenzgefühl verloren geht, die Verbindung zu anderen Menschen zerstört wird, die persönliche Identität zerfällt, sind gesellschaftliche Isolation und Marginalisierung oft die Folgen, begleitet von schweren körperlichen und seelischen Symptomen.

Was kommt danach? Gibt es Möglichkeiten, die Folgen von Traumata zu überwinden oder gar die traumatische Erfahrung zu integrieren und daran zu wachsen? Ein Trauma transzendieren heißt für Wirtz, es zu übersteigen, zu

„überwachsen", wie Jung formulieren würde, und dem Wirken der transzendenten Funktion Raum geben (vgl. GW 7, § 160). Sie ist die tief in unserem Inneren wirksame Fähigkeit, gegebene Zustände und seelische Verfassungen zu transzendieren und wirkt oft als eine Brücke zwischen zwei Zuständen, dem des „Jetzt" und dem des „noch nicht", hat also ein telos, eine zukunftsweisende Funktion.

Viele Ansätze zur Traumatherapie werden derzeit propagiert und zum Teil heiß diskutiert. Über die Hälfte des Buches widmet sich „der klinischen Linse" (S. 141-335), doch haben wir es hier nicht mit einem klinischem Lehrbuch zu tun. Vielmehr vollzieht Wirtz einen bedeutenden Perspektivenwechsel, weg vom pathologisierenden medizinisch-psychiatrischen Modell hin zu einer kulturellen, sozial-politischen und vor allem spirituellen Sichtweise. Mit berührenden Fallberichten erweitert sie das Bedeutungsfeld von „Trauma" und erschließt dessen Potenzial für „transzendente Erfahrung" - Sinnstiftung und Selbstfindung.

Über das Pathologische hinaus, mehr noch: Durch das Katastrophische hindurch wird die Verarbeitung des Traumatischen unter der Perspektive einer spirituellen Sinndimension gesehen. *Letztlich geht es ja um individuelle und kollektive Bewusstseinserweiterung als einer evolutionären Notwendigkeit* (Wirtz, Persönliche Mitteilung 30.12.14).

Im Abschlusskapitel schreibt sie: *Dieses Buch wurde im weitest möglichen Sinne von einem spirituellen Bezugssystem aus geschrieben. Ich habe versucht, einen entstehenden Paradigmenwechsel in der Traumatherapie herauszuarbeiten, einen, der auf das Potenzial für psycho-spirituelles Wachstum in der Folge von Traumata fokussiert* (S. 338). Der Geist dessen, was mit Spiritualität gemeint ist, scheint durch das ganze Buch hindurch.

Für die Herkulesarbeit der Sinnfindung im traumatherapeutischen Prozess ist die Autorin bestens qualifiziert: Ursula Wirtz hat einen philosophischen, germanistischen und klinisch-psychologischen Hintergrund. Als Jung'sche Analytikerin mit Weiterbildungen in traumatherapeutischen Verfahren und zenistischer

Übungspraxis, geboren inmitten der Kriegsverwüstungen des deutschen Ruhrgebietes – ihre *Spielplätze waren die damaligen Trümmerfelder* (S. 2) – wurden Krieg, Frieden und Versöhnung zu Leitthemen ihres Lebens und ihrer Arbeit mit den Opfern von Krieg, Unrecht und sexueller Gewalt. Als Supervisorin und in ihrer Privatpraxis beschäftigt sie sich seit 30 Jahren mit der Behandlung von Traumata. Ihr erstes Buch, *Seelenmord: Inzest und Therapie*, erschien 1989 zu einer Zeit, als sexueller Missbrauch erstmalig im öffentlichen Diskurs Fuß fasste. Das Buch ist heute noch ein Klassiker zum Thema.

Ihr neuestes Buch, *Trauma and Beyond,* 25 Jahre später, verspricht ebenfalls eine klassische Studie über die Resilienz der Seele angesichts der verheerendsten Traumata zu werden, *die Ernte von 30 Jahren als Psychoanalytikerin, in welcher Zeit ich mit gequälten Seelen, weder lebendig noch tot, und mit verbannten Körpern, Schattenerscheinungen, durch die Wüsten und Niederungen der Vergessenheit gewandert bin [...], eine veritable ,Höllenfahrt' in der Begegnung mit geistigen Zuständen, die an Wahnsinn grenzten.* (S. 4)

Einen roten Faden auf der Suche nach transzendierendem Sinn jenseits von Trauma findet die Autorin in C. G. Jungs *Das Rote Buch. Liber Novus* (Erstveröffentlichung 2009), in dem Jung seinen Abstieg ins Unbewusste in den Jahren 1913-1928 beschrieb. Sie findet darin eine Blaupause für den Umgang mit Trauma als Potenzial für transzendente Erfahrung – das Beyond ihres Trauma and Beyond – mit Sterben im und Werden jenseits von Trauma. Das Mystery of Transformation ist, in einer mir (RW) lieb gewordenen Formulierung, der Werdegang vom Überleben zum Leben mittels einer Sterbeerfahrung, die stets als traumatisch erlebt wird.

In ihrer Umkreisung des Themas Trauma und Transformation verarbeitet Wirtz eine erstaunliche Menge an literarischer, philosophischer und trauma-psychologischer Literatur. Mit Sicherheit wird ihr Buch ein zukunftsträchtiger Beitrag zur Traumaforschung und Traumatherapie werden, weit hinaus über die jungianische Perspektive, von der sie ausgeht und der sie sich durchgehend verpflichtet weiß. Wir beobachten hier das Hervortreten eines klassischen Paradigmenwechsels im psychotherapeutischen Denken und Handeln: weg vom herkömmlichen Triebkonfliktmodell der Psychoneurosen zu einer trauma-bedingten Sicht auf seelisches Leiden. Es ist, wie Wirtz so einleuchtend demonstriert, ein Paradigma, in dem Wissenschaft und Spiritualität in der Förderung von psychotherapeutischem Verstehen und Behandeln von traumabedingten Zuständen zusammenfließen, jenseits von Störung und Syndrom, in der Formation von gänzlich neuen Ich-Zuständen (ego states). Dies ist wahrlich ein Mysterium der Transformation.

Nicht nur interessierte jungsche Leser finden hier einen exemplarischen Zugang zum Thema anhand der traumatischen Erfahrungen von C. G. Jung selbst, die er im *Liber Novus* im Roten Buch für sich selbst verarbeitet hat. Ihr Nachzeichnen der „vier traumatischen Quellen von Jungs mentalem Zusammenbruch (S. 242-250) sind für die Geschichte der Analytischen Psychologie sowie insgesamt für die Geschichte psychoanalytischer Psychotherapie von besonderer Bedeutung.

Ausgelöst durch die Trennung von Sigmund Freud erlebte Jung in den Jahren 1913-16 eine schwere existenzielle Sinnkrise, die durch die Wiederbelebung frühkindlicher Verlassenheitstraumata laut Jungs eigener Aussage an Psychose grenzte: (1) seine Geburt als viertes („Ersatz"-) Kind, nachdem seine Mutter drei Totgeburten (zwei Töchter und einen Sohn) erlitten hatte; (2) das Verlassenwerden des dreijährigen Kindes, als seine Mutter wegen Depressionen mehrere Monate hospitalisiert wurde; (3) sein sexueller Missbrauch als [14-jähriger?] Knabe; schließlich (4) zwei traumatische Visionen Jungs im Oktober 1913, in denen er erlebte, wie Europa von der Nordsee bis zu den Alpen von Blut überflutet wurde.

Insbesondere *Jungs Erfahrung von homosexuellem Missbrauch*, schlussfolgert Wirtz, *hatte weitreichende Folgen für seine psychosexuelle Entwicklung und für die Theorienbildung der Analytischen Psychologie* (S. 245).

Für Jung selbst bedingte die traumatische Erfahrung des Missbrauchs ein tiefes Misstrauen gegen Intimität, insbesondere mit Männern.

Eine ebenso tiefe Ambivalenz in seinen Frauenbeziehungen (S. 248) hängt wiederum auch mit Jungs frühem Erleben einer *wachen Mutter, deren Spott er fürchtete* (Bair 2007, S. 105), zusammen. Durch diese Erfahrungen geprägt, griff Jung *zu einem massiven Versuch der Verdrängung* (S. 246) und in deren Folge zu einem *Prozess der Spiritualisierung und Mythologisierung des Sexuallebens und seiner Bedeutung für psychische Entwicklung und Verhalten* (S. 247).

Sein *Hauptanliegen* bezüglich Sexualität – schreibt Jung in *Erinnerungen, Träume, Gedanken* (ETG) – war es, einerseits, *„über ihre persönliche Bedeutung und die einer biologischen Funktion hinaus ihre geistige Seite und ihren numinosen Sinn zu erforschen und zu erklären"* (ETG, S. 172). Dies veranlasste ihn, so Wirtz, *die archetypischen, symbolischen und spirituellen Grundlagen von traumatischen Phänomenen zu untersuchen, während er die realen traumatischen Geschehnisse oder die dissoziativen und oft selbst-destruktiven Abwehrmechanismen, die sie auslösen, nicht berücksichtigt.* (S. 247)

Für die „Konzeption" der Analytischen Psychologie ist es um so mehr von Bedeutung, dass sie sich dieser von Jung vorgelebten „Strategie" entgegenstellt und weder die zutiefst traumatische persönliche, soziale, politische und spirituelle Realität von Traumatisierten noch die ebenso reale Konkretheit der menschlichen Sexualität aus dem Auge verliert. Mit ihrem Verweis auf die Hintergründe eines gewissen mentalen Vorbehalts in der Analytischen Psychologie gegenüber konkret gelebter Erotik und Sexualität leistet Wirtz aus tiefenpsychologischer und traumatologischer Sicht einen heilsamen Dienst für alle psychotherapeutischen Schulen.

Im letzten Kapitel, *Trauma and the Body* widmet sich Wirtz der zentralen Bedeutung des Körpers in der Traumatherapie. *Da der Körper das Portal zur Quelle und dem existenziellen Grund des Selbst ist, kann Trauma nicht transzendiert werden, ohne dass der Körper und die Verbindung zum Instinktleben geheilt wird. [...] Die wesentliche Arbeit der Therapie beginnt mit dem Körper.* (S. 319)

Ohne näher darauf einzugehen, würdigt sie körperpsychotherapeutische Trauma-Arbeit, die neuen Erkenntnisse der Neurowissenschaften und einiger jungschen Autoren. Und wieder fordert sie die Analytische Psychologie heraus: *Es gab und gibt weiterhin in der jungianischen Welt eine gewisse ‚theoretische Ambivalenz gegenüber dem Körper' und insgesamt ein generelles Versäumnis, ihn in die klinische Praxis zu integrieren* (S. 329) – eine Mahnung, die ganz generell für psychoanalytische Psychotherapien gelten dürfte.

Zum Schluss möchte ich ergänzend auf eine weitere Studie zum Thema Trauma verweisen (Cvetkowich 2003), die, wie Wirtz, einen Perspektivenwechsel weg vom pathologisierenden medizinisch-psychiatrischen Modell hin zu einer kulturellen und sozial-politischen Sicht darstellt.

Im Unterschied zu Wirtz, die sich vorwiegend auf Extremtrauma bezieht, fokussiert Cvetkovich *„nicht nur auf katastrophale Ereignisse [...] sondern auf alltägliche Erfahrungen"* (vgl. Cvetkovich S. 19), *Trauma als alltäglich und fortwährend* (ebd. S. 33). Kurzgefasst, es geht ihr um die kumulativen Traumatisierungen des Alltags durch Missachtung, Verachtung und Feindseligkeiten gegenüber Frauen und Kindern, Fremden, ethnischen und geschlechtlichen Minderheiten.

Hinzuzufügen wären kumulative Traumatisierungen durch dysfunktionale Paar- und Familienstrukturen, wo emotionale Vernachlässigung oder Überbehütung bis hin zum emotionalen Missbrauch traumatisierende Dauerstressoren sein können. Cvetkowichs umfassenderer kultureller und sozial-politischer Ansatz hat mir sehr geholfen, die bahnbrechende Arbeit von Ursula Wirtz besser zu verstehen, nicht als eine Alternative zum medizinischen Modell, sondern über das Pathologische hinaus ins Transzendente-Spirituelle als eine heuristische Erweiterung des gesamten Bedeutungsfeldes „Trauma".

Über die ungewohnte Vorstellung von Trauma als potenziell formativer spiritueller Erfahrung schreibt Wirtz, *Traumatherapie hat einen intrinsischen spirituellen Kern. Sie fördert das ‚Embodiment', die Verkörperung des Wesentlichen, die Rückverbindung des Ichs mit dem numinosen Kern des Seins und eine Bewusstseinstransformation, die zu einer Reintegration der Persönlichkeit auf einer neuen Ebene führt. In Traumatherapien sollten klinische und spirituelle Zugänge zusammenspielen.* (S. 35)

Durch das ganze Buch hindurch spürt der Leser bei der Autorin die erfahrungsnahe, liebevolle Präsenz, gepaart mit kritischer Reflexion; es sind die eingangs erwähnten *zwei Flügel der buddhistischen Psychologie* (S. 6). Das Buch ist eine Schatztruhe für interessierte Laien und für Psychotherapeuten und -therapeutinnen jeglicher Herkunft! Das baldige Erscheinen einer deutschen Fassung ist sehr zu wünschen.

Literatur

Bair, D. (2007): C. G. Jung, Eine Biographie. Knaus (München); Original: Jung. A Biography. Little, Brown (London/NY), 2004

Cvetkovich, A. (2003): An Archive of Feelings. Trauma, Sexuality, and Lesbian Public Cultures. Duke UP (Durham, NC/London)

ETG = Erinnerungen, Träume, Gedanken von C. G. Jung. Aufgezeichnet und herausgegeben von Aniela Jaffé. Rascher (Zürich/Stuttgart) 1961; Lizenzausgabe Ex Libris (Zürich) 1976

Jung, C. G. (2009): Das Rote Buch: Liber Novus. Hrsg. S. Shamdasani. Patmos (Ostfildern)

Robert C. Ware, Kohlberg

rezensionen

Impressum

Jung-Journal
Forum für Analytische
Psychologie und Lebenskultur
Jahrgang Heft 34, September 2015
ISSN: 1867-4690
ISBN: 978-3-939322-34-4

Herausgeber
C. G. Jung-Gesellschaft Stuttgart
Alexanderstr. 92, 70182 Stuttgart
www.jung-journal.de

Bankverbindung
opus magnum, Postbank, BLZ: 60010070
Konto-Nr.: 570344702
IBAN: DE60 6001 0070 0570 3447 02
BIC: PBNKDEFF

Erscheinungsweise, Abo, Vertrieb
Halbjährliches Erscheinen im März und September
Ein Jahresabonnement mit 2 Heften kostet € 15,-
incl. Versandkosten. Bestellungen über:
Internet: www.jung-journal.de
E-Mail: mail@jung-journal.de
Postadresse: opus magnum
Hirsauer Str. 39, 70569 Stuttgart

Redaktion
Prof. Dr. Lutz Müller, Anette Müller,
Margarete Leibig, Bernd Leibig, Dieter Volk

Beiratsmitglieder der C. G. Jung-Gesellschaften
Dr. Irene Berkenbusch (ISAP Zürich)
Dolores Henke (CGJ-Forum Freiburg)
Esther Böhlcke (CGJ-Gesellschaft Hannover)
Dr. Renate Daniel, (CGJ-Institut Küsnacht)
Christiane Neuen (CGJ-Gesellschaft Köln)
Ursula Arlart (CGJ-Gesellschaft Ulm)
Susanne Lindtberg (Psychologische Gesellschaft Basel)
Volker Münch (CGJ-Gesellschaft München)
Dieter Schnocks (CGJ-Gesellschaft Stuttgart)
Dr. Andreas Schweizer (Psychologischer Club Zürich)
Dörte Wrede (CGJ-Gesellschaft Hamburg)

Layout
Prof. Dr. Lutz Müller, Barbara Fischer

Texte zwischen den Artikeln
Prof. Dr. Lutz Müller, Anette Müller

Webmaster
Walter Fleritsch

Druck
Kohlhammer Stuttgart

Verlag
opus-magnum, Stuttgart, www.opus-magnum.de

Die Inhalte der Artikel geben nicht unbedingt die Meinung
der Redaktion wieder. Für unverlangt eingesandte
Manuskripte übernehmen wir keine Haftung.

Bildnachweise: Wenn nicht anders angegeben
stammen alle Abbildungen aus lizenzfreien Quellen des Internet.

opus magnum

Bestseller und Neuerscheinungen 2015

Impressum

„...Kleinod mit wunderbar großem Potential."

Sabine Hertweck
Das Momo-Prinzip
„Geh doch zu Momo!"
oder: Aufbruch in eine neue Welt
84 S., 9,90 €, ISBN: 978-3-939322-84-9

*„... ist ein wunderbarer Wegbegleiter,
ein Buch, das man genießt."*

Sabine Grumann
Öffne dem Wunder Dein Ohr
Mit Musik und Tanz
dem Fluss des Leben folgen
264 S., 16,90 €, ISBN: 978-3-939322-49-8